Achim Teschner

Das Göttliche Paradox

Achim Teschner

Das Göttliche Paradox

Sören Kierkegaard verstehen und erleben

Fromm Verlag

Imprint
Any brand names and product names mentioned in this book are subject to trademark, brand or patent protection and are trademarks or registered trademarks of their respective holders. The use of brand names, product names, common names, trade names, product descriptions etc. even without a particular marking in this work is in no way to be construed to mean that such names may be regarded as unrestricted in respect of trademark and brand protection legislation and could thus be used by anyone.

Cover image: A. Teschner

Publisher:
Fromm Verlag
is a trademark of
International Book Market Service Ltd., member of OmniScriptum Publishing Group
17 Meldrum Street, Beau Bassin 71504, Mauritius

Printed at: see last page
ISBN: 978-620-2-44185-8

Einstimmung

„Freudvoll
Und leidvoll
Gedankenvoll sein,
Langen
Und bangen
In schwebender Pein
Himmelhoch jauchzend,
Zum Tode betrübt;
Glücklich allein
Ist die Seele, die liebt".
(Goethe)[1]

„Aristoteles jedenfalls sagt, dass alle Begabten schwarzgallig seien".
(Cicero, Gespräche in Tusculum)[2]

„Das Genie erweckt gemeiniglich ein blutreiches und hoffnungsvolles Temperament – allein, wenn gleich das Genie einen natürlichen Trieb hat, eine muntere und sanguinische Stimmung der Seele hervorzubringen, welche seine gewöhnliche Gefährtin ist, und welche es sorgfältig zu erhalten sucht, wenn nicht wiederholte Mißlingungen ihm den Mut niederschlagen; so pflegt es doch auch zu gleicher Zeit ein anderes, noch merklicheres und minder wandelbares Kennzeichen an sich zu tragen, nämlich eine erhabene, sanfte

1 Johann Wolfgang Goethe, aus Egmont, zit. n. „Über die Liebe", Gedichte und Interpretationen aus der Frankfurter Anthologie, herg.v. Marcel Reich-Ranicki; Frankfurt am Main 1985; S. 91
2 „Komm heilige Melancholie", Anthologie deutscher Melancholie Gedichte; Hg. Ludwig Völler; Stuttgart 1983; 111 Sätze zur Melancholie, S. 511ff, Satz 1; Folgende Zitate Sätze 8,9,26,64 und 13

und tiefsinnige Melancholie. Diese Gemütsverfassung ist wirklich die unzertrennliche Gefährtin des Genies“.
(Johann Caspar Lavater; Physiognomische Fragmente zur Beförderung der Menschenkunde und Menschenliebe)

„Meine Freude ist die Melancholie.“
(Michelangelo; Die Dichtungen des Michelangelo Buonarrotti; herg. v. Carl Frey)

„Schwermut ist der Affekt, der das Denken begleitet, welches zu Ende denkt“.
(Herbert Schweppenhäuser; Zeugnisse, Theodor W. Adorno zum sechzigsten Geburtstag; herg. Von Max Horkheimer)

„Die Edelsten leiden den meisten Schmerz. Auch der Schmerz wählt den besten Boden“.
(Friedrich Hebbel; Werke; herg. Von Gerhard Fricke, Bd. 4)

„Die Phantasie als solche macht immer schwermütig“.
(Sören Kierkegaard; Entweder-Oder, Teil 1)

Inhaltsverzeichnis

Vorwort

Ohne Zweifel ist die moderne Philosophie und die dialektische Theologie ohne Sören Kierkegaard undenkbar[3]. Ebenso hat auch die Tiefenpsychologie ihm einige Anstöße zu verdanken[4]. Besonders nach dem 1. und 2. Weltkrieg, wurden die Werke Kierkegaards zu einer Art Mode[5].
Allerdings wäre gerade dieser Sachverhalt für Kierkegaard ein Zeichen dafür, dass seine Schriften nicht wirklich verstanden worden sind:

> Denn wenn es weltlich Schick und Brauch würde (falls das je möglich wäre), meine Schriften zu lesen oder doch zu tun, als hätte man sie gelesen, weil man hoffen könnte, damit etwas in der Welt zu gewinnen: ... da hätte im Gegenteil das Missverständnis gesiegt.."[6]

Auf der anderen Seite ist aus etlichen seiner Veröffentlichungen deutlich zu erkennen, dass sich hier ein sehr ernsthafter Christ zu Worte meldet.
Jedoch haben die Gedanken Kierkegaards bis heute keinen großen Eingang in den Christlichen Gemeinden gefunden. Es wurde bisher kaum entdeckt, welche Schätze in seinen Schriften zu finden sind für denjenigen, der die Bibel in großer Tiefe und Breite verstehen will, oder auch Gottes Wort lebendig verkündigen möchte.
Manche Christen sehen ihn gar als Feind einer biblischen Lehre, den es zu bekämpfen gilt[7].

Dieses Buch möchte einen Beitrag dazu leisten, Sören Kierkegaard und sein

3 s. G. Schüepp; Das Paradox des Glaubens; München 1964; S. 13
4 s. Schüepp, dass. S. 13
5 s. H. Fischer; Die Christologie des Paradoxes; Göttingen 1970, S. 7
6 S. Kierkegaard, Zur Widmung an jenen Einzelnen, in Der Gesichtspunkt für meine Wirksamkeit als Schriftsteller; Jena 1922; S. 79
7 s. W. Bühne; Christenspiegel; Göttingen 1970, S. 10

Werk mehr in das rechte Licht zu rücken, und auf seine Bedeutung für die Theologie, für das Leben und Wirken in der Gemeinde und für jeden Einzelnen, hinweisen.

Eine große Freude wäre es, wenn der Leser dazu angeregt werden würde, selber zu den Büchern Kierkegaards zu greifen, um sich mit ihnen auseinander zu setzen und ihre Schätze zu heben.

1. Das 18. und 19. Jahrhundert bis zum Tode Kierkegaards 1855

Sören Kierkegaard wurde in einem Jahrhundert geboren als eine neue Zeit ihre Schatten voraus warf. Das alte Weltbild zerbrach. Die bisher gültigen Lebensvorstellungen und Lebensgewohnheiten begannen sich zu verändern. Die Wissenschaft schritt mit großer Eile voran, und auch die Staatsstrukturen wandelten sich.

Die Aufklärung setzte grundsätzlich den Menschen zum Maß aller Dinge. Mittels der Vernunft meinte man alle Probleme lösen zu können.

In Deutschland erreichte die Aufklärung 1740/50 ihren Höhepunkt[8]. Als klassischer Denker dieser Epoche ist Gottfried Wilhelm Leibniz (1646-1716) zu nennen.

Einfluss nahm dann aber auch die Bewegungen, die mehr das Gefühl betonten, wie die Periode 'Sturm und Drang', die 'Romantik' und im kirchlichen Bereich der 'Pietismus'.

In groben Zügen wollen wir uns mit einigen Denkern dieses Zeitalters beschäftigen, und zwar ausgewählt im Hinblick auf eine mögliche Beeinflussung auf Kierkegaard.

1.1. Die philosophische Arbeit

- Gotthold Ephraim Lessing (1729-1781)

Lessing war als Pfarrerssohn in Sachsen geboren und reich begabt, so dass er sich als Dichter, aber ebenso als Philosoph und Theologe einen Namen verschaffte. Die Aufklärung mit der ihr eigenen Logik und Moral ist der

8 so K. Heussi; Kompendium der Kirchengeschichte 16.Aufl.; Tübingen 1981; S. 401

Ausgangspunkt seines Denkens gewesen[9].

Lessing setzte sich ins Licht der Öffentlichkeit durch die Herausgabe der Wolfenbüttler Fragmente von 1774-78, verfasst durch Reimarus (1694-1768), und den dadurch entstandenen Streit mit dem Hauptpastor Goeze (gest. 1786) in Hamburg.

Seine eigenen wichtigen Schriften sind: „Der Beweis des Geistes und der Kraft“ 1777, das Drama „Nathan, der Weise“ 1779 und die Thesenreihe „Die Erziehung des Menschengeschlechtes“ 1780.

Diese Schriften verfolgen den Zweck, zu zeigen, dass Offenbarung nicht historisch zu begründen sei[10], ja, dass geschichtliche Wahrheiten nie notwendige Vernunft-Wahrheiten beweisen könnten[11].

Des weiteren vertrat Lessing zwar die Auffassung, dass es nur eine einzige wahre Religion gäbe, diese sich aber erst in Zukunft durch Geist und Kraft erweisen würde[12].

Die Offenbarung spielt die Rolle einer Beschleunigung der Erziehung des Menschen, aber ohne sie würde der Mensch ebenso zum gleichen Ziel gelangen, und letztlich sei der Drang zur Wahrheit entscheidender als die Wahrheit selbst[13].

Kierkegaard hat einige Gedanken der acht-seitigen Schrift „Der Beweis des Geistes und der Kraft“ aufgegriffen[14]. So erörtert er das Problem, ob Ereignisse der Geschichte Wahrheit offenbaren können. Lessing sah einen unüberwindbaren Graben zwischen der Gegenwart und der Zeit, wo die Wahrheit offenbart worden sein soll. Um diesen Graben zu überwinden, wäre ein außergewöhnlicher Sprung nötig. Diesen Sprung über den „garstig breiten Graben“[15] zu den geoffenbarten, geschichtlichen Vernunft-Wahrheiten,

9 s. K. Barth, Die protestantische Theologie im 19. Jahrhundert, 4. Aufl.; Zürich 1981, S. 208/9
10 Barth; dass., S. 222
11 dass., S.225
12 Barth; a.a.O.; S. 231
13 Vgl. Barth; dass., S. 235/36
14 s. hierzu Fischer; a.a.O.; S. 31
15 s. G.E. Lessing; Gesammelte Werke; herg. Von Paul Rilla; Berlin 1956ff; S. 14

vermochte Lessing nicht auszuführen. Lessing vertrat die Meinung, dass eine geschichtliche Offenbarung der Wahrheit nicht denkbar sei.

Zu welchen Ergebnissen Kierkegaard in seiner Schrift „Philosophische Brocken“ und darüber hinaus in seinem Gesamtwerk kommt, soll an anderer Stelle erörtert werden[16].

Johann Georg Hamann (1730-1788)

Der 'Magus des Nordens', wie Hamann gerne genannt wurde, war ein eifriger Gegner Kants und des Rationalismus der Aufklärung gewesen.

Hamann sieht die Sprache als Mittel des Geistes an, um den Gegensatz Sinnlichkeit – Vernunft zu überwinden. Die Sprache schlage gewissermaßen eine Brücke vom Idealismus zum Rationalismus.

Die Gedanken Hamanns haben die moderne Sprach-Wissenschaft mit eingeleitet.

Des weiteren betonte Hamann die subjektive Gewissheit des Glaubens, die erfahren und erfühlt sein will[17].

In jungen Jahren (vor seiner Hinwendung und Bekehrung zu Jesus) hat Kierkegaard in einem Gespräch abgestritten, die Schriften Hamanns zu kennen. Jedoch finden sich schon zu dieser Zeit Aufzeichnungen über Hamann in seinen Tagebüchern[18].

Kierkegaard wurde durch diese beiden Gedanken Hamanns beeinflusst:

- Kierkegaards Schriften sind literarische Kunstwerke, - bis ins Kleinste hinein wurden Wortwahl und Stil ausgefeilt, auch in allen seinen Briefen.
- Die Subjektivität des Glaubens ist ein Hauptthema Kierkegaards.

16 s. Punkt 3.3.
17 Vgl. H.J. Störig; Kleine Weltgeschichte der Philosophie 11. Auflage; Stuttgart 1961; S. 109
18 s. hierzu Joakim Garff; Kierkegaard; München 2005; S. 193

Friedrich Wilhelm Joseph Schelling (1775-1854)

Als Schelling mit 23 Jahren als außerordentlicher Professor nach Jena berufen wurde, gelangte er dort bald in einen Kreis romantischer Dichter und Denker, was ihn so beeinflusste, dass er der eigentliche 'Philosoph der Romantik' genannt werden kann[19].

Seine Identitäts-Philosophie besagt, dass „Natur und Geist, Reales und Ideales, im tiefsten identisch sind“[20]. Zu beachten ist hierbei, dass, nach Schelling, die Natur den Geist setzt, und nicht etwa der Geist die Natur wie bei Fichte.

Hieraus folgt dann eine philosophische Ästhetik, für welche die Kunst das Höchste ist, da hier Geist und Natur in vollendeter Harmonie erscheinen.

Kierkegaard hörte Schelling selbst, als er sich für einige Zeit in Berlin aufhielt. Zu Anfang dieser Zeit schreibt er an den Vikar P.J. Spang im November 1841:

> Indessen habe ich mein Vertrauen in Schelling gesetzt...Vielleicht kommt es schon in den ersten Stunden zum Blühen...[21].

Diese Hoffnung, des sich auf der Suche nach Sinn befindlichen Kierkegaard, wurde jedoch schon sehr bald enttäuscht. So kann man bereits im Februar 1842 in einem Brief an seinen Freund Emil Boesen folgendes lesen:

> Schelling habe ich ganz aufgegeben, ich höre ihn bloß, schreibe nichts, weder an Ort und Stelle, noch zu Hause[22].

Gegen die Philosophie der Ästhetik wendet sich Kierkegaard vor allem in seinem großen Erstlingswerk „Entweder-Oder“, das im Februar 1843

---

19 Störig; a.a.O.; S. 118

20 ders.; S. 120

21 Kierkegaard; Briefe; S. 37

22 Kierkegaard; Briefe; S. 55

erschien.

Georg Friedrich Wilhelm Hegel (1770-1831)

Ein Großteil des Gesamtwerkes des Schwaben besteht aus seinen Vorlesungen, die seine Schüler nach dessen Tod herausgegeben haben. Im Übrigen sind vier große Werke zu nennen: „Phänomenologie des Geistes“ 1806, „Wissenschaft der Logik“ 1812/16, „Enzyklopädie der philosophischen Wissenschaften“ 1817 und „Grundlinien der Philosophie des Rechts“ 1831.

Was Hegels Philosophie auszeichnet ist die dialektische Methode, nämlich der Dreischritt von These – Antithese – Synthese. Ein Satz und sein Gegensatz werden 'aufgehoben' (in der Synthese), und zwar in dem dreifachen Sinne von 'beseitigt', 'bewahrt' und 'hinaufgehoben'[23].

Diese Dialektik ist aber nicht nur eine Denkform, „sondern ontologisch oder metaphysisch; als die eigentümliche Form der Selbstbewegung der Wirklichkeit“[24].

Über allem steht der 'absolute Geist', der auch das Denken des Einzelnen lenkt, der Einzelne ist nur Werkzeug des Weltgeistes[25].

Hegel hält das Christentum für die 'absolute Religion', weil hier ein Glaube an den 'absoluten Geist' vorhanden sei; jedoch sei das Heilsgeschehen der Bibel eine 'abgeschmackte Vorstellung'. Er wendet sich gegen eine rein historische Betrachtung des Christentums und spricht von einer 'ewigen Geschichte'. Demnach fand eine Entzweiung zwischen Gott-Vater (dem absoluten Geist) und der Welt-Schöpfung bzw. dem Gott-Sohn statt. Die Entwicklung der Geschichte geht auf eine Wiedervereinigung zu, die in der Kreuzigung Jesu ihre Durchgangsstation fand, wo die größte Selbst-Entzweiung Gottes sich ereignete.

23 Störig; a.a.O.; Band 2, S. 126
24 ders.; S. 117
25 Störig; a.a.O.; S. 132

Die christliche Liebe sei die Findung Gottes seiner selbst[26].
Die Philosophie Hegels hatte auch in Dänemark zur Zeit Kierkegaards große Verbreitung gefunden und wurde bald an ihren Universitäten herrschend[27]. So verwundert es nicht, dass auch Kierkegaard sich in seinen Werken intensiv mit Hegel auseinander setzte, wobei Parallelen in der Begrifflichkeit festzustellen sind, z.B. wenn Kierkegaard von einer 'Heiligen Geschichte' in Bezug auf den Christus spricht, jedoch diesen Begriff mit anderem Inhalt und mit einem anderen Ziel verwendet.
Den Hauptangriff richtet Kierkegaard gegen die Bestimmung Hegels des Einzelnen in Abhängigkeit des 'absoluten Geistes'. Hier hat Kierkegaard eine ganz andere christologische Sicht inne, wie wir später noch sehen werden.

In diesem Kapitel haben wir in einem groben Überblick gesehen, dass Kierkegaard sich eingehend mit der Philosophie seiner Zeit auseinander setzte, wohl einige Anregungen aufgenommen hat, aber doch nicht eine bestimmte Richtung oder einen bestimmten Philosophen für würdig genug erachtete, als dass sie oder er Ausgangspunkt seines scharfen Denkens hätte werden können.

---

26 Vgl. Hegels Religionsphilosophie, vorgetragen 1820-1830
27 s. J. Hohlenberg; Sören Kierkegaard; Herg. Th.W. Bätscher; Basel 1949; S. 11

1.2. Die theologische Arbeit

- Überblick

Wie in jedem Zeitalter so war die Theologie zur Lebzeiten Kierkegaards abhängig vom herrschenden Zeitgeist.

Im 18. und 19. Jahrhundert stand die Theologie unter einem großen Humanisierungs-Prozeß, der sich nach Karl Barth in vierfacher Weise äußerte:

1. Im 18. Jahrhundert wurde der Höhepunkt des Staatskirchentums erreicht. Durch die Theorien des Territorialismus bzw. des Kollegialismus wurden die Kirchen samt ihren Oberhäuptern faktisch den weltlichen Regimentern unterstellt. Sogar Unionen suchte man auf rein politischem Wege zustande zu bringen[28].

2. Das zweite wesentliche Moment ist die Moralisierung gewesen, die überall eintrat. Wenn man es von einer positiven Seite her betrachten möchte, dann kann man von der *'praxis pietatis'* sprechen, dem frommen Tun, von den Taten aus dem Glauben heraus.

Die Gefahr dabei ist, dass der Glaube, die persönliche Beziehung zu Gott, ganz an den Rand gedrückt wird. Tatsächlich ist dies geschehen, und zwar in einer solchen Weise, dass es schon groteske Züge bekam. So hat zum Beispiel zu Weihnachten ein Traugott Günther Röller folgendes zum Thema der Predigt gemacht: „...daß die Landesobrigkeit aber nicht Unrecht tue, die sogenannten kleinen Feste (Aposteltage und dergleichen) abzuschaffen...“[29]. Christsein hieß, moralisch und gutbürgerlich zu sein. Der kategorische Imperativ Immanuel Kants war der allgemein gültige Maßstab. Damit haben wir schon den nächsten Punkt angesprochen.

3. Die Philosophie bemächtigte sich mehr und mehr der Theologie, - die

---

28 Barth; a.a.O.; S. 65-69

29 ders.; S. 75

'Gottes-Lehre' wurde der Philosophie untergeordnet. Ein Zustand, der sich bis heute leider zum großen Teil erhalten hat, gerade auch bei Theologen.
Alles, was in der Bibel als unpraktisch oder anstößig empfunden wurde, wurde gestrichen. Die Vernunft hatte nun zu prüfen, was der geforderten Bürgerlichkeit des Christentums gerecht wurde bzw. ihr zuwider lief.
Karl Barth zufolge gingen erste radikale Angriffe auf das Dogma von Pietisten wie Johann Konrad Dippel (1673-1734) aus, der die orthodoxe Sünden-, Satisfaktions-, und Rechtfertigungslehre bekämpfte[30].
4. Als letztes Kennzeichen ist der Individualisierungsprozess zu nennen. Der einzelne Mensch erhält die entscheidende Bedeutung, die Gemeinschaft dient dazu den Einzelnen zu bestätigen. Das Historische hat nur insofern Bedeutung, wie es für den Einzelnen zur Wahrheit und Wirklichkeit wird. Eine innere, göttliche Stimme sage dem Christen, was er zu tun und zu lassen hat[31]. Bis heute ist eine solche, oder doch ähnliche, Haltung in vielen christlichen Gemeinden und bei vielen Christen zu beobachten. Das eigene Verhalten wird nicht aus der Bibel begründet, oder allenfalls mit Versen aus der Bibel, die aus dem Zusammenhang gerissen wurden, sondern mit Anweisungen, die man direkt von Gott, oder von Gottes Geist, empfangen haben will.
Kierkegaard stand diesem Humanisierungs-Prozeß negativ gegenüber, wie aus dem folgenden Zitat, das im Zusammenhang mit der Christologie steht, zu entnehmen ist:

> Gott ist es, welcher die Lehre vom Gott-Menschen erfunden hat und jetzt hat die Christenheit die Sache frech umgekehrt und drängt Gott die Verwandtschaft auf...[32].

30 dass.; S 91
31 Vgl. K. Barth; a.a.O.; S. 92-97
32 in Die Krankheit zum Tode; S. 119

Die Inspiration wird von Gottes Wort in den einzelnen Christen hinein gelegt. Nicht mehr Gottes Wort hat die göttliche Autorität, sondern der einzelne Christ kann für sich diese Autorität beanspruchen. Damit wird die Bibel als objektive Wahrheit und als allgemeine Richtlinie für alle Christen fallen gelassen.

Am ehesten könnte man eine Beeinflussung Kierkegaards durch seine Betonung des Einzelnen vermuten. Dies ist bei genauer Betrachtung jedoch nur sehr bedingt der Fall. Der Einzelne bei Sören Kierkegaard steht in einem unmittelbaren christologischen Zusammenhang, während der Individualismus bei Humanisten, Philosophen und Existentialisten seine Wurzeln im Freiheitsdrang des Menschen hat.
Hier wird Kierkegaard oft missverstanden oder bewusst missbraucht. Auch viele Theologen machen sich nicht die Mühe, Kierkegaard in und durch sein Gesamtwerk zu verstehen.
Bevor wir uns mit dem Leben und Werk Kierkegaards näher auseinander setzen können, wollen wir einige theologische Richtungen und Theologen etwas genauer betrachten.

- Die Neologie
Die Theologen dieser Richtung haben, indem sie die Konsequenzen aus dem Denken ihrer Zeit zogen, ernste und grundsätzliche Angriffe auf das Dogma ausgeführt. Als unumstößliche Pfeiler blieben zunächst nur Gott, Freiheit oder Moral und Unsterblichkeit. Als erstes Dogma fiel die Lehre von der Erbsünde, die, wie man meinte, dem modernen Menschenbild nicht mehr zugemutet werden konnte.
Repräsentativ wollen wir uns mit drei Vertretern dieser Richtung etwas näher beschäftigen.

1. Johann Friedrich Jerusalem (1709-1789)

Jerusalem war Hofprediger und Abt in Wolfenbüttel. Er lehrte, dass die Offenbarung nicht mehr als Bestätigung der natürlichen Religion sei. Er übte Kritik an der Lehre der Erbsünde, die dann im reiferen Alter zu weiteren christologischen Negationen führte.

2. Johann Salomo Semler (1725-1791)

Semler war Professor in Halle, der ehemaligen Hochburg des Pietismus.
Für ihn bedeutet das Christliche Heil nichts weiter als moralisches Besitztum.
Semler prägte den Begriff 'Liberale Theologie', der bis heute Verwendung für die vorherrschende moderne Theologie findet.

3. Johannes Joachim Spalding (1717-1804)

Spalding war Propst und Oberkonsistorialrat in Berlin und fasste die Theologie seiner Zeit konsequent zusammen.
Neben der Erbsünde gab Spalding auch das Dogma der Trinität preis. Erst so würde das Christentum seine wahre und moralische Nützlichkeit zeigen.
Im weiteren Verlauf des Buches wird deutlich werden, dass Kierkegaard gerade auch ein auf Moral verkürztes und verunstaltetes Christ-Sein vehement bekämpfte.

- Phillipp Konrad Marheineke (1780-1846)

Marheineke war einer derjenigen Theologen, die die Philosophie Hegels in die Theologie der theologischen Fakultäten Dänemarks einbrachten und so zu Vertretern einer spekulativen Dogmatik geworden sind.
Seine Gedanken legte Marheineke in seinen 'Grundlehren der Christlichen Dogmatik als Wissenschaft' 1827 nieder.
Zentral ist in diesem Werk, was nicht verwunderlich ist, der Begriff des 'Geistes', der die Einheit von Offenbarung und denkendem Menschengeist

sei[33]. Durch die Offenbarung komme der Mensch zur Vernunft, und das menschliche Denken stimme dann mit dem göttlichen Sein überein.

Kierkegaard war mit der spekulativen Dogmatik durch Vorlesungen bei H.L. Martensen vertraut, die er 1837-39 hörte[34].
Kierkegaards Kampf richtet sich auch gegen die Spekulative Dogmatik, wobei er ihr gerade ihre Abhängigkeit von der Philosophie, eben von Hegel, zum Vorwurf macht[35], weil sie es ist, die das Christentum abschafft:

> Und er ist doch gewiss, was die Sache betrifft, ebenso gut unterrichtet wie die sämtlichen Herren spekulativen theologischen Professoren / ohne deren Hilfe und Beistand das Christentum ja auch, wie bekannt, in die Welt gekommen ist; wogegen es wohl möglich wäre, wenn da sonst nichts im Wege stände, dass es mit deren Hilfe und Beistand aus der Welt hinauspraktiziert werden könnte.[36]

- Friedrich August Tholuck (geb. 1799-1877)

1826 wurde Tholuck nach Halle berufen, wo er mehr als ein halbes Jahrhundert als Professor tätig gewesen ist. Tholuck ist der Erweckungs-Theologie zuzurechnen, der Karl Barth vor allem zwei Erkenntnisse zuschreibt[37]:

1. Es gibt keine theologischen allgemeinen Wahrheiten, sondern nur solche, die in bestimmten Situationen gültig sind.
2. Die Wiederherstellung des Dogmas von der Erbsünde und deren Folgen.

33 s. Barth; a.a.O.; S. 447
34 s. E. Hirsch; Anmerkung 88 in Die Krankheit zum Tode
35 vgl. Die Krankheit zum Tode; S. 96
36 Kierkegaard; Einübung ins Christentum; S. 88
37 vgl. a.a.O.; S. 465/6

Kierkegaard beschäftigte sich eingehend auch mit der Erweckungs-Theologie und übernahm zum Teil ihre Argumentation zugunsten des Dogmas von der Erbsünde[38].

Man muss die Beschäftigung Kierkegaards mit der Theologie seiner Zeit ähnlich beurteilen wie die Beschäftigung Kierkegaards mit der Philosophie seiner Zeit. Kierkegaard hat umfangreiche und intensive theologische Studien betrieben, aber sein Gedankenreichtum und seine Schriften haben eine andere Quelle als das theologische Denken des 18. und 19. Jahrhunderts.

---

38 s. E. Hirsch; Anmerkung 87 in Die Krankheit zum Tode

2. Der Mensch Sören Kierkegaard

Im Rahmen unseres Themas genügt es, das Leben Kierkegaards in groben Zügen darzustellen, und das für das Thema des Buches wichtige heraus zu greifen, nämlich die Gesichtspunkte hervor zu heben, die das Denken und Wirken Kierkegaards anschaulicher machen.

2.1. Lebensabriß[39]

- Leben

1756 wurde Michael Pedersen Kierkegaard, der Vater von Sören Kierkegaard, geboren. In seiner Kindheit, bis zu seinem 12. Lebensjahr, hütete er Schafe unter nicht gerade angenehmen Bedingungen. So ereignete es sich eines Tages, als es wiedermal besonders kalt gewesen war, und dazu der Hunger das arme Kind peinigte, dass der Knabe Gott mit feierlichem Ernst verfluchte.

Dieses Erlebnis konnte Michael Pedersen sein ganzes Leben lang nicht mehr vergessen! Ja, es legte sich ein großer Schatten auf die ganze Familie Kierkegaard auf Jahrzehnte hinaus.

1768 zog der Junge von Säding nach Kopenhagen, wo er eine Lehre bei einem Wollwarenhändler absolvierte. Nach einiger Zeit war er immerhin so erfolgreich, dass er sich ein eigenes Geschäft leisten konnte.

Eine erste Ehe blieb kinderlos. Schon bald nach dem Tode seiner Frau heiratete Michael Pedersen das Dienstmädchen, das schon seit einigen Jahren Dienste im Hause Kierkegaard verrichtet hatte. Die Trauung zwischen Michael P. Kierkegaard und Ane Sörensdatler Lund wurde am 26.04. 1797

39 Der Abriss folgt den Angaben von J. Hohlenberg; a.a.O.; eine sehr detaillierte Biografie, mit über 900 Seiten hat Joakim Garff vorgelegt; Copyright des Dänischen Originals bei G.E.C. Gads Forlag; Copenhagen 2000

vollzogen. Am 07.09. 1797 wurde ihr erstes Kind, Maren-Kristine, geboren. Sie sollte 6 Geschwister bekommen: Nicoline Kristine, Petrea Severine, Peter Christian, Sören Michael, Niels Andreas und als letztes, der so berühmt gewordene Sören Aabye, nämlich am 5. Mai 1813.

Im Geburtsjahr von Sören Aabye wurde Michael Pedersen grotesker Weise durch den Staatsbankrott Dänemarks zu einem sehr reichen Mann. Kurz zuvor hatte er sein Geschäft verkauft und den Gewinn in königliche Obligationen angelegt. Nun waren gerade diese Obligationen die einzigen Wertpapiere, die beim Staatsbankrott kaum Einbußen erlitten.

Dies überraschte den Mann umso mehr, da er seit dem denkbaren Fluch als Kind, auf die Strafe Gottes in seinem Leben wartete. Dieses Warten auf eine furchtbare Strafe Gottes legte eine starke Schwermut auf die Seele diese Mannes, die ihn bis zu seinem Tode nicht mehr verließ.

Diese Schwermut belastete die gesamte Familie.

So ist die Kindheit Sören Kierkegaards nicht zu vergleichen mit der Kindheit eines normalen Kindes. Innere und äußere Schwermut waren seine ständigen Begleiter. Dabei erschien er seinen Schulkameraden und Lehrern als ein lustiger Geselle, der sich zu jeder Zeit mit seinen geistreichen Scherzen Respekt zu verschaffen wusste.

Kierkegaard berichtet selbst über seine Kindheit:

> Von Kind auf war ich unter dem Bann einer ungeheuren Schwermut, deren Tiefe ihren einzig wahren Ausdruck in der mir vergönnten, ebenso ungeheuren Fertigkeit findet, dieselbe unter scheinbarer Munterkeit und Lebenslust zu verdecken. Von jeher (soweit meine Erinnerung zurückreicht) fand ich darin meine Freude, dass niemand entdecken konnte, wie unglücklich ich mich fühlte. Dabei deutete ja die genaue Proportion zwischen der Schwermut und der Verstellungskunst darauf hin, dass ich auf mich selbst und auf das Gottesverhältnis

angewiesen war.

- Als Kind wurde ich streng und ernstlich im Christentum erzogen, menschlich geredet unsinnig erzogen: an Eindrücken, worunter der schwermütige Greis, der sich auf mich legte, selbst erlag, hatte ich mich schon in frühester Jugend verhoben. Ein Kind, das unsinniger Weise wie ein schwermütiger Greis fühlen, denken und leben sollte! Schrecklich! Was Wunder da, wenn mir das Christentum zu Zeiten als die unmenschlichste Grausamkeit vorkam; wiewohl ich nie (auch als ich ihm am fernsten stand) die Ehrerbietung vor ihm verlor...[40]

Bis zu seinem 21. Lebensjahr überschwemmte eine Flut von Todesfällen die Familie Kierkegaard: 1819 starb der Bruder Sören Michael, 1822 die Schwester Maren-Kristine, 1832 die zweite Schwester Nicoline Kristine, 1833 der Bruder Niels Andreas und 1834 die Mutter und die Schwester Petera Severine. Aufgrund dieser Ereignisse glaubte der Vater, dass dies die Strafe Gottes für den als Kind begangenen Fluch sei. Er war nun überzeugt, dass alle seine Kinder sterben würden bevor ihn selbst das Schicksal des Todes erreichen würde. Sören Kierkegaard teilte diesen Glauben mit ihm.

Sören Aabye hatte nach seiner Schulzeit mit einem Theologiestudium begonnen, um dem Wunsche seines Vaters zu entsprechen.

Er hat diese Studien aber zunächst nicht sehr ernsthaft betrieben. Er gab sich einem ausschweifenden Leben hin.

Am 6. Juni 1836 geschah jedoch eine einschneidende Veränderung. Nachdem Sören in der Nacht zuvor mit einem Freund in betrunkenem Zustand ein Bordell aufgesucht hatte und am Morgen mit Ekel sein eigenes Verhalten bedachte[41].

1838 starb dann doch, - entgegen der Erwartung von Vater und Sohn, der Vater vor den beiden noch verbliebenen Söhnen!

40 Der Gesichtspunkt; S. 54

41 vgl. Hohlenberg; a.a.O.; S. 94

Kierkegaard sah den Tod des Vaters als ein Opfer an, als eine freiwillige Hingabe des Vaters, damit der Sohn leben kann. Dies gab wohl den letzten Anstoß für die Bekehrung Kierkegaards, zur Hingabe an Jesus Christus.

Seit dem Tod des Vaters betrieb Kierkegaard seine Studien mit großer Sorgfalt, und schloss diese im Juli 1840 mit der Dissertation „Über den Begriff der Ironie mit ständiger Rücksicht auf Sokrates" ab.

Am 10. September desselben Jahres verlobte Kierkegaard sich mit Regine Olsen. Regine war fast 9 Jahre jünger als Sören, und wurde später die Frau eines dänischen Beamten und Diplomaten. Wäre sie nicht für 13 Monate die Verlobte Kierkegaards gewesen, so wäre ihr Name längst im Meer der Vergessenheit versunken. So aber gehört die Verlobungsgeschichte der beiden zu den „großen Liebesgeschichten in der Weltliteratur"[42].

In dieser ganzen Verlobungszeit war Kierkegaard hin und her gerissen zwischen seiner großen Liebe und Bewunderung für Regine und der Ahnung, dass er besser nicht heiraten sollte. Letzteres hatte vor allem zwei Gründe, einen psychologischen und einen religiösen, geistlichen Grund. Kierkegaard meinte, dass seine Schwermut eine zu große Belastung für Regine sein könnte, und dass es von daher besser wäre, um ihretwillen, auf eine Ehe zu verzichten. Noch schwerwiegender war jedoch sein Wissen darum, dass er eine bestimmte Berufung von Gott bekommen hat. Diese Berufung war so dringlich, und lag so schwer auf seiner Seele, dass er fühlte, dass die Ausführung dieser Berufung im vollen Umfang mit einer Familie unvereinbar sei. So löste Kierkegaard tatsächlich die Verlobung am 11.08. 1841 auf, obwohl Regine seine wirkliche Liebe und die Ehe sein höchster Wunsch gewesen ist[43]. Kierkegaard hatte sich zu diesem Schritt durchgerungen, weil es ihm schien, dass wie Gott von Abraham als Erweis seiner Hingabe den Sohn als Opfer gefordert hatte, von ihm nun als Opfer Regine fordere.

Freilich hat Abraham Isaak als Sohn zurück erhalten, das Opfer fand nicht

42 Garff; a.a.O.; S. 210

43 Vgl. E. Lehmann; Sören Kierkegaard; Berlin Schöneberg 1913; S. 31

statt. In gleicher Weise hoffte Kierkegaard, dass seine Bereitschaft Regine als Ehefrau aufzugeben, genügen würde. Gott würde es am Ende doch schenken, dass sie beide wieder zusammen kommen könnten. Aus diesem Grund war es für Kierkegaard eine Katastrophe unglaublichen Ausmaßes, als Regine schließlich einen anderen heiratete.

Da Kierkegaard die wahren Gründe der Auflösung der Verlobung vor Regine verborgen halten wollte, gab er sich den Anschein, ein Schurke zu sein. Er sorgte dafür, dass die Menschen den Eindruck bekamen, dass er ein ausgelassenes und gewissenloses Leben führen würde. Er lebte dieses Inkognito, um Regine den Schmerz der Auflösung der Verlobung zu erleichtern.

Die Heftigkeit der Ereignisse trieben ihn dann aber nach Berlin, wo sich seine Berufung zum Schriftsteller einen Weg bahnte. Am 20. Februar 1843 erschien sein Erstlingswerk 'Entweder-Oder' in Kopenhagen.

In dieser Stadt verweilte Kierkegaard bis zu seinem Tode. Er lebte zum größten Teil vom Erbe seines Vaters. In den späteren Jahren warfen seine Schriften einen kleinen Gewinn ab.

In den gut 12 Jahren seines Schaffens war Kierkegaard in Kopenhagen sowohl berühmt-berüchtigt, als auch geliebt-verachtet.

Ab dem 18.12. 1854 holte Kierkegaard zu einem letzten, mächtigen Schlag gegen die bestehende Staatskirche, sowie überhaupt gegen das bestehende (Namens-) Christentum aus. Kierkegaard veröffentlichte verschiedene Zeitungsartikel nach dem Tode von Bischof Mynster und ab Mai 1855 zehn Ausgaben einer Flugschriftenreihe 'Der Augenblick'.

Dieser Angriff nahm dem schon von jeher kränklichen Körper Sören Kierkegaards die letzte Kraft. So verstarb er, nach kurzer schwerer Krankheit, aber in ruhiger und friedlicher seelischer Verfassung am 11. November 1855 in einem Kopenhagener Krankenhaus.

- Werk

Die Hauptwerke Kierkegaards lassen sich in drei Abteilungen einteilen:

Dissertation:	1840 Über den Begriff der Ironie mit ständiger Rücksicht auf Sokrates	
1. Abteilung:	1843 Entweder-Oder	(Victor Eremita)
	Zwei erbauliche Reden	
	Furcht und Zittern	(Johannes de Silentio)
	Drei erbauliche Reden	
	Die Wiederholung	(Constantin Constantius)
	Vier erbauliche Reden	
	1844 Philosophische Brocken	(Johannes Climacus)
	Zwei erbauliche Reden	
	Der Begriff Angst	(Vigilius Haufniensis)
	Drei erbauliche Reden	
	Vorworte	(Nikolaus Notabene)
	Vier erbauliche Reden	
	1845 Stadien auf dem Lebensweg (Herg. Hilarius Buchbinder)	
2. Abteilung	1846 Abschließende unwissenschaftliche Nachschrift zu den philosophischen Brocken (Johannes Climacus)	
3. Abteilung	1847 Erbauliche Reden in verschiedenen Geist	
	Taten der Liebe	

1848 Christliche Reden

1849 Die Krankheit zum Tode (Anti-Climacus)

1850 Einübung im Christentum

1851 Zur Selbstprüfung der Gegenwart anbefohlen
Urteilet selbst
Zwei Reden zum Abendmahlgang
Meine Wirksamkeit als Schriftsteller

Hier tritt eine Pause ein, die Kierkegaard nutzte, um seinen mächtigen Schlag gegen die dänische Staatskirche und das bestehende Christentum vorzubereiten, und um seinen Kirchenkampf vorbereiten zu können.

1854 War Bischof Mynster ein Wahrheitszeuge, einer der rechten Wahrheitszeugen, ist dies die Wahrheit?
Wie Christus über das offizielle Christentum urteilt
Der Augenblick
Gottes Unwandelbarkeit

2.2. Anmerkungen zum Lebensabriss

- der Vater

Der Vater hatte für Kierkegaard mindestens eine dreifache Bedeutung.

1. Kierkegaard nahm die Erbsünde für sich persönlich sehr ernst. Er war davon überzeugt, dass die Sünden seines Vaters, sowohl dessen Verfluchung Gottes als Kind, als auch der Ehebruch mit Kierkegaards Mutter, als seine erste Ehefrau auf dem Sterbebett lag, auch Einfluss auf sein eigenes Leben nehmen würde. Die Schwermut des Vaters lag auch auf dem Sohn, freilich noch verstärkt durch die sehr eigenartige Erziehung des Vaters.

2. Der Vater förderte, gewollt oder ungewollt, die Phantasie und das dialektische Denken seines Sohnes, wenn auch auf sehr seltsame Art und Weise. So ging der Vater oft mit dem Sohn spazieren. Hierbei durfte der Sohn das Ziel bestimmen. Sie unterhielten sich über die Landschaft und über die allerlei Leute, denen sie unterwegs begegneten. Das Seltsame dabei war, dass diese Spaziergänge nicht im Freien, sondern im Korridor des elterlichen Hauses statt fanden, wobei jedoch die Beschreibungen genau der Wirklichkeit entsprechen mussten.

3. Der Tod des Vaters war der eigentliche Anlass für Kierkegaard gewesen, sich ganz in Gottes Dienst zu stellen. Die Bereitschaft des Vaters sich für seinen Sohn zu opfern (so wie Kierkegaard dieses Ereignis erlebte), hinterließ einen starken Eindruck auf den jungen Kierkegaard. Sie trugen sicher zu der Bereitschaft Kierkegaards bei, auch selbst für höhere Ziele Opfer zu bringen.

- Regine

Als Kierkegaard sein 30. Lebensjahr fast vollendet hatte, brach geradezu explosionsartig seine schriftstellerische Tätigkeit aus.

Im Jahr 1843 erschienen nicht weniger als sechs Schriften Kierkegaards von zum Teil größerem Umfang und imposantem Inhalt.

Wo lagen die Gründe dafür?

Regine ist der persönliche Dreh- und Angelpunkt in der Literatur Kierkegaards. Sie ist das Bild dessen, was Opfer und Liebe heißt. Ihr ist alles gewidmet[44].

In seinen Schriften sucht Kierkegaard zum einen die Auflösung der Verlobung persönlich zu verarbeiten, und zum anderen hat er ein Opfer zugunsten seiner göttlichen Berufung gebracht. Somit hat er sich, in seinen Augen, die Berechtigung für sein Schreibpensum erworben, und sogleich ein Gleichnis, ein Motiv, für sein Schrifttum gewonnen. Dieses Opfer war deswegen nicht zu groß, und zu rechtfertigen, weil Kierkegaard sich seiner außergewöhnlichen Bedeutung sehr wohl bewusst gewesen ist[45].

Hinzu kommt als zweiter Grund für die Auflösung der Verlobung seine Fürsorge für Regine:

> Darf ein Grenzsoldat verheiratet sein? Darf ein Grenzsoldat, im geistigen Sinne, sich verheiraten, ein Außenposten, der Tag und Nacht kämpft... mit den Räuberbanden einer ursprünglichen Schwermut, ein Außenposten, der, wenn er auch nicht Tag und Nacht kämpft, wenn er auch längere Zeit Frieden hat, doch niemals wissen kann, in welchem Augenblick der Krieg wieder beginnt, da er nicht einmal diese Ruhe Frieden nennen darf?[46]

---

44 vgl. Hohlenberg; a.a.O.; S. 287

45 vgl. den Brief an Regine von 1849; Kierkegaard Briefe; a.a.O.; S. 102-104; und ebenso den Brief an ihren Gatten aus demselben Jahr; dass.; S. 106/108

46 Zit. n. Lehmann; a.a.O.; S.29; aus Stadien auf dem Lebenswege, vgl. Ausgabe Jena 1922, S. 173

Die Opferung Regines hat für Kierkegaard die gleiche Bedeutung wie die Opferung Isaaks für Abraham[47].

Die Beurteilung der Auflösung der Verlobung kann nun freilich ganz unterschiedlich beurteilt werden. So sieht Joakim Garff darin ein großes Versagen Kierkegaards:

> Er wollte nicht Ehemann, sondern Schriftsteller sein. Und damit hat er aus ästhetischen Gründen eine Schuld auf sich geladen, die sowohl ethisch als auch religiös zu rechtfertigen beinahe unmöglich ist[48].

Zweifellos wäre es für die Beteiligten viel besser gewesen, wenn Kierkegaard seine Entscheidung, kein Ehemann werden zu wollen bzw. werden zu können, vor seiner Verlobung mit Regine getroffen hätte.

Diese Entscheidung hat Kierkegaard aber nicht aus egoistischen, und auch nicht aus „ästhetischen" Gründen getroffen, sondern weil er seine Berufung von Gott so auffasste, dass er auf die Ehe freiwillig verzichten sollte. Damit hat er auf eine sehr persönliche und beeindruckende Weise mit den Worten Jesu in Matthäus 19,10-12 gerungen. Er hat schließlich die Erkenntnis gewonnen, dass er um des Reiches Gottes willen, um seiner persönlichen Berufung willen, auf eine Ehe mit Regine zu verzichten hatte.

- Pseudonyme und Aufbau des Gesamtwerkes

Zu diesem Thema besitzen wir zwei Schriften von Kierkegaard selbst, nämlich 'Über meine Wirksamkeit als Schriftsteller. - Eine direkte Mitteilung, Rapport an die Geschichte' und 'Über meine Wirksamkeit als Schriftsteller'.

Die erste Schrift ist 1847/8 entstanden, wurde aber nie von Kierkegaard

47 'Furcht und Zittern' beschäftigt sich allein mit dem Thema der Opferung Isaaks, - und Regines! Kierkegaard hoffte, dass Regine ebenfalls ehelos bleiben würde, oder sie gar, wie Abraham den Isaak, aus der Hand Gottes zurück erhalten würde.

48 a.a.O.; S. 244

heraus gegeben, sondern erst nach seinem Tode von seinem Bruder Peter Christian. Die zweite Schrift erschien 1851, also tatsächlich als Abschluss der zusammenhängenden Werke Kierkegaards. Danach erschienen nur noch Schriften zum Tod Bischof Mynsters und was mit Kierkegaards Kirchenkampf in Zusammenhang stand.

Viele Kierkegaard Forscher meinen das Gesamtwerk Kierkegaards besser beurteilen zu können, als Kierkegaard selbst.

Das Gesamtwerk, und das Verständnis für die Pseudonyme, erschließt sich jedoch wirklich nur dann, wenn man das, was Kierkegaard in den beiden genannten Schriften sagt, ernst nimmt.

Kierkegaard glaubte fest daran, dass Gott selbst ihn anleitete, begleitete und bei dem Verfassen seiner Schriften half. Gott hatte einen Plan für sein Leben, mit einem Ziel und verschiedenen Zwischenstationen. Für andere, besonders für Zeitgenossen, ist dies nicht immer ersichtlich.

So ist es ja auch oft bei einem selbst, und mehr noch für einen gläubigen Christen, der eine persönliche Beziehung zu Jesus Christus pflegt. Es ist nicht immer alles im Leben deutlich erkennbar. Man versteht manches Mal nicht den Zusammenhang im eigenen Leben. Der Christ aber lässt sich führen Schritt für Schritt, wie die Personen des Glaubens im Alten und im Neuen Testament. Es reicht ihm, dass Gott ein Ziel für sein Leben hat und vertraut darauf, dass Gott die Puzzleteile am Ende zu einem wunderbaren Bild zusammen fügen wird.

Kierkegaard äußert diesen Glauben, dieses sein Vertrauen, sehr deutlich:

> Soll ich nun diesen Anteil der Vorsehung an meiner ganzen schriftstellerischen Tätigkeit so bestimmt als möglich auf die Kategorie bringen, so ist dies der bezeichendste oder entscheidendste Ausdruck: die Vorsehung hat mich erzogen, und meine Erziehung durch die Vorsehung reflektierte sich in dem Verlauf meines schriftstellerischen

Schaffens[49].

Kierkegaard hat die Paradox-Theologie schon frühzeitig vor sich gehabt, und möchte seine Leser (oder „seinen Leser“, wie Kierkegaard selber eher sagen würde) in seinem Gesamtwerk zu dieser hinführen.
Das Ziel aller Arbeit Kierkegaards ist ein einziges gewesen, nämlich die Frage, wie man Christ wird, zu beantworten.

> Dieses Schriftchen will also sagen, was ich als Schriftsteller in Wahrheit bin: daß ich religiöser Schriftsteller bin und war; daß meine ganze schriftstellerische Tätigkeit sich um das Christentum dreht, um das Problem, wie man Christ wird...[50].

Kierkegaard bedient sich dazu dreier Abteilungen, wie in der Übersicht der Schriften Kierkegaards bereits dargestellt wurde.

> Die erste Abteilung enthält ästhetische Schriften, die letzte ausschließlich religiöse; in der Mitte zwischen beiden liegt die „Abschließende Unwissenschaftliche Nachschrift“ als Wendepunkt[51].

Die ästhetischen Schriften wurden durchweg unter Pseudonymen verfasst, da das Dargelegte ja eben nicht in allen Punkten der tatsächlichen Ansicht Kierkegaards entsprach. Das Anliegen Kierkegaards ist von Anfang an ein religiöses gewesen, was die 'Erbaulichen Reden' bekunden, die Kierkegaard unter eigenen Namen erschienen ließ. Mit oder nach jeder ästhetischen Schrift ließ Kierkegaard eine Ausgabe erbaulicher Reden erscheinen, um anzudeuten, was sein eigentliches Ziel ist. Schon bei dem Erstlingswerk

49 Der Gesichtspunkt für meine Wirksamkeit als Schriftsteller; Jena 1922; S. 52
50 dass. S. 3
51 dass., S. 9

'Entweder-Oder' war dies so, wie Kierkegaard selber erklärt:

> ...nie selbst etwas Ästhetisches geschrieben, sondern alle ästhetischen Schriften Pseudonymen zugeschrieben hat, während die zwei erbaulichen Reden von Magister Kierkegaard waren[52]

Der Sinn dieser ästhetischen Schriften liegt darin, „zuerst Fühlung mit den Menschen zu bekommen“[53], und zwar mit dem Menschen, der sich Christ nennt, aber nicht als Christ, - sondern ästhetisch lebt und damit eben kein Christ ist!

> Denn man wird nicht durch Reflexion Christ; daß man aber in Reflexion Christ wird, schließt in sich, daß erst ein anderes abgeworfen werden muß: man reflektiert sich nicht in das Christentum hinein, aber aus anderem heraus, um Christ zu werden; und das gilt besonders in der Situation der Christenheit, wo man erst aus dem Schein, als wäre man schon Christ, herausreflektieren muß[54].

Dies ist der Angriff Kierkegaards auf das Bestehende, dass er seinen Zeitgenossen aufdecken will, dass ihr Christentum ein Schein-Christentum ist. Er führt seinen Angriff jedoch nicht direkt aus, sondern sucht seinerseits den Schein zu erwecken, als gehöre er ganz seiner Zeit an, und er sogar am allermeisten!

Er umgeht so eine direkte Ablehnung und vermag zumindest den beständigen Leser aufmerksam zu machen. Er stellt seinen Leser vor der Wahl, entweder wirklich Christ zu werden, oder aber im Schein zu verharren.

---

52 ebd.
53 dass.; S. 18
54 Der Gesichtspunkt; S. 68

Unter den religiösen Schriften befindet sich nun noch eine Kategorie von Pseudonymen zweiter Art:

> … es wird ein Höheres aufgezeigt, das mich in meine Grenze zurückdrängt, mir das Urteil spricht, daß mein Leben einer so hohen Anforderung nicht entspreche, daß also die Mitteilung eine dichterische sei[55].

Die Demut Kierkegaards kommt hier sehr gut zum Ausdruck, und auch seine Schwermut, da er es nicht wagt, sich als ein Vorbild hinzustellen und göttliche Autorität in Anspruch zu nehmen.

> Daß ich ohne „Autorität" war, habe ich vom ersten Augenblick an stereotyp wiederholt; ich betrachte mich selbst am liebsten als Leser meiner Schriften, nicht als Verfasser[56].

Dies hat Kierkegaard geschrieben, obwohl es sehr wohl möglich gewesen wäre, sich selbst als ein Vorbild hinzustellen.
Trotz seiner Schwermut kannte Kierkegaard durchaus die Freude, die einer empfindet, der an Jesus Christus als seinen persönlichen Erlöser glaubt. Eine solche Freude hat er schon erlebt, als er eigentlich noch im Prozeß war, ein Christ zu werden und seine Berufung zu finden. Davon berichtet auch Joakim Garff:

> Urplötzlich verstand Aabye die schwindelerregende Wahrheit, daß Gott Liebe ist und damit der Gott der Freude, wie die Welt und das eigene Leben sich auch immer entwickeln mögen. Die Freude umschließt ihn so vollständig, daß die Sprache gar nicht viel bedeutet und insofern

55 dass., S. 160 Fußnote 1
56 dass., S. 166

> auch nichts zu sagen hat. Eine solche Freude verdient man sich nicht, sie wird nämlich einem gegeben, die Freude ist eine einzige Gabe und ein einziges Ereignis, unerklärlich dem Vater des Lichts entsprungen und deshalb blendend unbeschreiblich.
> Das ist wahres Christentum[57].

Kierkegaard hat in seinem Leben immer wieder unter Beweis gestellt, dass das wichtigste in seinem Leben, die Beziehung zu Gott ist und seine spezielle Berufung, nicht zuletzt durch seine „Opferung“ Regines.

57 Kierkegaard; S. 166

3. Der Begriff 'Paradox' in den Schriften Kierkegaards

Der Begriff 'Paradox' in seiner eigentlichen Bedeutung unterscheidet sich erheblich von der Art wie er umgangssprachlich verwendet wird.
Nach einer allgemeinen Definition wollen wir sehen, ob und wie dieser Begriff im Neuen Testament verwendet wird, und dann untersuchen, was Kierkegaard damit meinte.

3.1. Der Begriff 'Paradox'

Im Duden – Die deutsche Rechtschreibung, finden wir unter 'paradox' „[scheinbar] widersinnig..." unter 'Paradoxon' „(scheinbar falsche Aussage, die aber auf eine höhere Wahrheit hinweist; auch svw. Paradox)"[58].
Das ganze Gewicht liegt hier auf das Wörtchen „scheinbar". Ja, der Weg zu höheren und tieferen Wahrheiten führt oft über ein Paradox.
Das Wort 'Paradox' ist ein Lehnwort aus dem Griechischen, παραδοξος (*paradoxos*).
Im Neuen Testament findet sich das Wort als Hapaxlegomena (das Wort kommt nur 1x im NT vor) in Lukas 5,26. Es wird folgende Begebenheit geschildert: Jesus lehrte das Volk, worunter sich auch Schriftgelehrte und Pharisäer befanden. Da Jesus schon etliche Menschen von Krankheiten geheilt hatte, lief eine Menschenmenge zusammen überall, wo Jesus sich befand. Dies war auch hier der Fall, wo Jesus sich als Gast in einem Haus befand. Das Innere des Hauses war schon überfüllt und die Menschen drängten sich dermaßen vor der Türe des Hauses, dass keiner mehr bis zum Eingang gelangen konnte. Vier Männer brachten nun auf einer Bahre einen Gelähmten, um ihn von Jesus heilen zu lassen. Da der Eingang nun versperrt

58 Ausgabe 2006; S. 762

war, stiegen sie auf das Flachdach, deckten es an der Stelle, wo Jesus sich im Haus befand, auf, und ließen den Gelähmten samt Bahre hinunter. Als Jesus den Gelähmten sah, sagte er zu ihm:

> Mensch, deine Sünden sind dir vergeben! (Lukas 5,20).

Durch diese Aussage zog Jesus den Unwillen der Pharisäer und Schriftgelehrten auf sich. Sie waren empört und außer sich, weil sie aus der Schrift (dem Alten Testament; s. Jesaja 43,25 und Daniel 9,9) wussten, dass ein Mensch nicht pauschal Sünden vergeben kann. Sie dachten bei sich:

> Wer kann Sünden vergeben außer Gott allein? (Lukas 5,21)

Jesus erkannte sofort ihre Gedanken und fragte, was leichter sei, Sünden zu vergeben, oder zu dem Gelähmten zu sprechen, dass er aufstehen und umher gehen soll. Eine meisterhafte Aussage Jesu, die einen absolut erstaunen lässt. Wenn Jesus so zu dem Gelähmten sprechen würde, dann müsste er ihn auch an Ort und Stelle heilen, sonst würde er seine Autorität verlieren und sich bloß stellen. Zu sagen, dass dem Gelähmten die Sünden vergeben seien, erscheint dagegen einfach, da eine Überprüfung, ob die Sünden vor Gott tatsächlich vergeben sind, an Ort und Stelle nicht möglich ist. Wenn es aber tatsächlich so wäre, dass die Sünden des Gelähmten durch die Aussage Jesu vergeben wären, dann wäre dies etwas, was ein normaler Mensch niemals bewerkstelligen könnte. Mit anderen Worten, wenn nur Gott die Vollmacht hat Sünden zu vergeben, und Jesus die Vollmacht hat pauschal Sünden zu vergeben, dann muss Jesus Gott sein.
Dieser Sachverhalt war allen Anwesenden bewusst.
Jesus sagt nun sinngemäß, dass er jetzt den Gelähmten heilen wird, um zu beweisen, dass er die Vollmacht hat, Sünden zu vergeben.

Anschließend heilte Jesus den Gelähmten!
Lukas beschreibt die Reaktion der Anwesenden:

> Und Staunen ergriff alle, und sie verherrlichten Gott und wurden mit Furcht erfüllt und sprachen: 'Wir haben heute paradoxe Dinge gesehen!'

Staunen und Furcht gleichermaßen erfasst Menschen, die göttlicher Macht oder Gott selbst begegnen. Rudolf Otto hat dafür die Begriffe 'tremendum' (Zittern – Furcht) und 'fascinans' (Faszination – Staunen) geprägt[59].
Jesus offenbart hier durch Wort und Tat, wer er ist und wozu er in die Welt gekommen ist. Zusammengefasst und in seiner Gesamtheit betrachtet, sagt Jesus hier sinngemäß: „Ich, Jesus von Nazareth, bin der lebendige Gott, erschienen und Mensch geworden ganz wie ihr alle. Deshalb habe ich als Gott die Vollmacht, Sünden zu vergeben“.
Diese Aussage Jesu versetzt das Volk in das 'tremendum' und 'fascinans'. Diese Offenbarung, dass dieser Mensch vor ihnen, wahrer Mensch, und ganz offensichtlich wahrer Gott ist, bezeichnet das Volk als ein 'paradoxes Ding'.

---

59 Das Heilige; 21./22. Auflage; München 1932; S. 13ff und 43ff

3.2. Der Begriff 'Paradox' bei Sören Kierkegaard

Kierkegaard will kein Theologe sein (und erst recht kein Philosoph). Er will nicht die christliche Lehre systematisch darstellen, keine Dogmatik schreiben. Dennoch lassen sich aus den Schriften Kierkegaards einige Grundlagen seines Denken erkennen.

Dies ist sehr wichtig, da immer wieder zu beobachten ist, dass sowohl Theologen, als auch Philosophen sich einzelne Aussagen einer oder einiger Schriften Kierkegaards zu Nutzen machen, ohne das Gesamtwerk zu kennen oder in ihre Folgerungen einzubeziehen. Das ist der Grund, warum oft unzureichende oder gar falsche Aussagen zu den Gedanken oder Zielen Kierkegaards geäußert werden.

Man rückt ihn in die Nähe der liberalen Theologie oder sieht ihn als ein Vorläufer oder gar als Vater des Existentialismus. Beides sind Beispiele für die erwähnten Fehleinschätzungen.

Die seriöse Kierkegaard-Forschung hat folgende zwei Dinge fest gestellt:

1. Kierkegaard steht mit beiden Beinen fest auf der altkirchlichen Christologie[60] .

2. H. Fischer zeigt an mehreren Stellen seines Buches auf, dass Kierkegaard der historisch-kritischen Methode und der Leben-Jesu-Forschung überaus ablehnend gegenüber stand[61]. Er stellt ihm dann gar in Bezug auf die Leben-Jesu-Forschung folgendes Zeugnis aus:

> Kierkegaard hat mit ihm gedanklich gut zwei Menschenalter vor ihrem definitivem Zusammenbruch das Ende der Leben-Jesu-Forschung

60 s. Fischer, a.a.O.; S. 11; später gibt er als gewichtigen Zeugen den sich um die Kierkegaard-Forschung so verdient gemachten E. Hirsch an, s.S. 17

61 ebd. z.B. S. 29, - man beachte, dass Fischer selbst der historisch-kritischen Methode eher zugeneigt ist

vorweg genommen[62].

Kierkegaard hat also weder eine Alternative zu dem altkirchlichen Dogma gesucht, noch wollte er der historisch-kritischen Forschung zum Sieg verhelfen.

Kierkegaard hatte ein ganz anderes Anliegen. Er hat sich selbst wiederholt als Korrektiv bezeichnet. Er wollte ursprünglich das Bestehende nicht umstoßen, aber doch renovieren und vertiefen[63].

Das Anliegen Kierkegaards ist ein zutiefst theologisches Problem von beständiger Aktualität, angefangen bei den frühen Apologeten bis in die Neuzeit hinein. Die Frage ist, ob der christliche Glaube eine Vernunft-Religion ist, so dass jedermann, der ehrlich zu sich selbst ist und mit seinem Verstand logische Schlüsse zieht, sich zum Christentum bekennen wird. Oder, ob das Wesen des Christentums außerhalb der menschlichen Reichweite liegt, so dass wir auf die Offenbarung Gottes angewiesen sind.

Kierkegaard streitet mit ganzer Inbrunst für das letztere und bildet eine Heilige Allianz (in Anspielung auf die Allianz Russland, Preußen und Österreich): Paradox, Glaube und Dogma[64].

Das Paradox ist der Inhalt der göttlichen Offenbarung, dasjenige, was sonst keine Religion und keine Philosophie zum Inhalt hat. Die Aussage, dass der ewige, allmächtige Gott ein endlicher, hilfloser, in der Krippe liegender Mensch wird, nicht, um schließlich zu herrschen, sondern um zu leiden (vgl. 1. Korinther 2,9 und 1,21-25), geht gegen jede Erfahrung und weist weit über das hinaus, was ein Mensch zu erdichten vermag.

Diese paradoxe Wahrheit (vgl. Lukas 5,26) ist nicht so einfach zu begreifen, denn Begreifen ist die Beschreibung eines Vorgangs von Mensch zu Mensch, einer erklärt und der andere sieht ein, weil er ein Wesen gleicher Qualität ist.

62 ebd. S. 60
63 Der Gesichtspunkt; S. 169
64 Krankheit zum Tode; S. 96

Gottes Gedanken sind aber nicht zu begreifen (Jesaja 55,8-9), sondern die richtige Kategorie in Bezug auf Gott ist der Glaube[65].

Die Dogmatik, die christliche Lehre, hat zur Aufgabe übersichtlich darzustellen, was Gott offenbart hat, was zu glauben ist. Diese Lehre sollte dann unantastbar sein.

Diese Allianz ist eine ewige Allianz. Sie ist nicht so wechselhaft und launisch wie politische Bündnisse es oft sind.

Der Paradox-Begriff ist somit eine äußerst treffende Bezeichnung für das Erlösungswerk Gottes. Wer diesen Begriff in Bezug auf die von Gott offenbarte Erlösung versteht, wird Gott in Jesus Christus erleben und erkennen können.

65 ebd.; S. 84

3.3. Das göttliche Paradox

Zunächst wollen wir das im vorherigen Kapitel Erarbeitete verdeutlichen. Wir haben aufgezeigt, dass Kierkegaard an zwei entscheidenden Aussagen über die Person Jesu festhält:

1. Kierkegaard zweifelt an keiner Stelle an die Historizität Jesu.
2. Kierkegaard glaubt fest an die Göttlichkeit Jesu[66], - und dies ist gerade das Paradox:

> Der christliche Glaube behauptet das Ewige in Gestalt des Historischen, das Wesen in Gestalt des Werdenden, im Medium der Veränderung, das Bleiben in Gestalt des Zufälligen. Was grundsätzlich geschieden ist, das wird im christlichen Glauben vereint gedacht. Das ist das Paradox schlechthin, es widerspricht aller Erfahrung und bedeutet der Vernunft ein Ärgernis. Der 'Gott in der Zeit' – das ist der zusammenfassende Ausdruck für dieses Paradox, für die unmögliche Vereinigung des nicht vereinbaren. Hier gibt es weder einen glatten, noch einen dialektischen Übergang; angesichts des Paradox versagt jeder Versuch einer Vermittlung[67].

Kierkegaard versucht nun nie die Historizität der Bibel unter Beweis zu stellen. Es war für ihn keine Frage, dass alles so geschehen ist, wie es die Schreiber der biblischen Bücher aufgeschrieben haben. Heute gibt es freilich sehr viele objektive Hinweise und Belege, dass die Bibel tatsächliche Geschehnisse berichtet. Die Bibel ist in ihren geschichtlichen, geografischen und sonstigen Angaben absolut vertrauenswürdig. Ebenso ist der auch heute

66 So auch Schüepp; a.a. S. 245
67 Fischer; a.a.O.; S. 54

noch immer wieder zu hörende Vorwurf, dass die Bibel im Laufe der Überlieferung verändert, gar verfälscht wurde, längst widerlegt. Derartige Behauptungen sind wissenschaftlich und auch theologisch nicht mehr vertretbar. Dies sei nur nebenbei erwähnt.

Das Augenmerk Kierkegaards liegt aber auf etwas anderes: es geht ihm um das Problem der Gleichzeitigkeit.

- Gleichzeitigkeit

In der bereits erwähnten Schrift Lessings[68] äußert dieser, dass er Jesus glauben und folgen würde, wenn er mit Jesus gleichzeitig gelebt, und die Wunder und die anderen Ereignisse selbst erlebt hätte[69]. Kierkegaard übernimmt nun die These Lessings, dass historische Ereignisse zufällig sind, d.h. es ist immer denkbar, dass es auch hätte anders kommen können[70]. Dies würde dann natürlich auch für die Ereignisse in Israel zur Zeit Jesu gelten.

Dies ist nun der Grund, weshalb Kierkegaard das Leben Jesu aus dem normal historischen Geschehen ausschließt und von einer 'heiligen Geschichte' spricht. Kierkegaard bezweifelt des weiteren die Behauptung Lessings, dass die Zeitgenossen Jesu einen Vorteil den folgenden Generationen gegenüber gehabt hätten. Er leugnet den Vorteil der Jünger Jesu aus erster Hand[71]. Trotz der Wunder, denen Kierkegaard an keiner Stelle den Wirklichkeitsgehalt abspricht[72], ist die Göttlichkeit Jesu nicht ohne weiteres zu erkennen gewesen, - sondern wie von allen anderen späteren Generationen Christen, wurde auch von den Jüngern Jesu damals der Glaube gefordert.

Die Wissenschaft hat schon längst den Beweis der Historizität der Person Jesus von Nazareth erbracht. Jedoch was, so würde Kierkegaard fragen, ist

68 s. 1.1.

69 s. Werke, Bd. 8; S. 10

70 s. Philosophische Brocken; S. 99

71 ebd. S. 55

72 s. Einübung im Christentum; S. 64

damit für den Glauben gewonnen? Die Behauptung des Glaubens, dass der historische Jesus zugleich der ewige, unwandelbare Gott gewesen ist, bleibt unbewiesen. Diese Behauptung bleibt ein Paradox damals wie heute[73].

Freilich hätte Jesus aufgrund seiner Vollmacht mit Legionen von Engeln und mit noch ganz anderen Zeichen, die jeden, auch den Ungläubigsten, überzeugt hätten, auftreten können, doch dies war, und ist immer noch, nicht der Sinn und das Ziel seiner Sendung. Menschen sollen nicht gezwungen werden, zu glauben, sondern dem Menschen ist die Freiheit, und die Verantwortung, der Wahl gegeben.

Es war der Beschluss Gottes, seinen Sohn Inkognito auf Erden leben und wirken zu lassen.

- Inkognito

Die Mensch-Werdung und das Mensch-Sein Jesu ist für Kierkegaard ein Zeichen des Widerspruchs[74]. Ein Zeichen ist immer dialektisch bestimmt. Einmal ist es bestimmt durch das Unmittelbare (z.B. eine Fahne, die aus Stoff und Farben besteht). Zum anderen ist dem Zeichen eine Reflexionsbestimmung zugeordnet (bei der Fahne durch die Auswahl und Anordnung der Farben: z.B. : Bundesrepublik Deutschland). Die Reflexionsbestimmung ist aber nur Wissenden oder Eingeweihten vertraut. Ein Zeichen des Widerspruchs ist nun ein Zeichen, wo das Unmittelbare und die Reflexionsbestimmung einen Gegensatz zu bilden scheinen.

Der Christus ist in seinem ganzen Wesen wahrer Gott gewesen, doch erschien er seinen Zeitgenossen, - und das nicht zu unrecht -, als ein Mensch ganz gleich wie sie selbst.

Freilich hat Jesus von Nazareth in direkten Aussagen auf Seine Göttlichkeit

73 Das bedeutet aber nicht, dass Kierkegaard dagegen gewesen wäre für das Christentum überzeugend zu argumentieren; - auch hier ist er als Korrektiv zu sehen, der auf das eigentliche Wesen des Christentums hinweisen will: „So ist richtig verstanden, sein ganzes Werk eine große Apologie des Christentums". Schüepp, a.a.O.; S. 209

74 s. Einübung im Christentum; S. 111

hingewiesen. Da aber die Person, die dies so frei heraus spricht, selbst dialektisch bestimmt ist, wird die Aussage letztlich doch höchst indirekt[75].

Angenommen ein Mensch, in schmutzigen Lumpen gekleidet, der allgemein als Bettler seit Jahren bekannt ist, spräche: „Ich bin der reichste Mann weit und breit! Kommt in mein Schloß zu einem herrlichen Fest dann und dann dorthin!“ Was wäre die Reaktion der Leute, die diese Einladung bekommen? Die meisten, die ihn sehen und hören, würden ihn wohl bemitleiden oder verspotten, - obwohl die Mitteilung selbst direkt und die Einladung eindeutig ist.

Ist es nicht denkbar, dass ein Reicher über Jahre und Jahrzehnte den Bettler spielte, um festzustellen, wie viel Menschen fähig sind, einem anderen Menschen Vertrauen zu schenken, auch wenn Äußerlichkeiten extrem dagegen sprechen? Nein, so viel Idealismus hat kaum ein Mensch.

Jesus aber hat aus Liebe ein solches, noch sehr viel größeres, Inkognito gewählt, um einen jeden die Freiheit der Entscheidung zu geben. Der Mensch steht vor der großen Entscheidung entweder Jesus zu glauben, zu vertrauen, oder Anstoß am Ärgernis zu nehmen, und so im Unglauben und in der Verlorenheit zu verharren.

Außer Frage steht dabei, dass Jesus selbst die größten Leiden zu tragen hat. Er muss nämlich zusehen, wie Menschen, die er so sehr liebt, es nicht vermögen, dieses 'Zeichen des Widerspruchs' aufzulösen. So gehen sie verloren, wo es doch sein Ziel ist, die Menschen zu retten[76].

Hier erhebt sich nun ein massiver Vorwurf Kierkegaards gegen die Philosophie seiner Zeit (gegen Hegel: spekulative Einheit von Gott und Mensch) und gegen die Pfarrer, die in ihrer Predigt das Inkognito des Christus leugnen und so reden, als hätten sie den Gottessohn, den Christus in Jesus von Nazareth sofort erkannt, wenn sie nur an der Stelle von den Schriftgelehrten und Pharisäern gewesen wären. Als sei es so einfach

75 ebd.; S. 119

76 vgl. Einübung im Christentum; S. 122

damals gewesen, den Worten Jesu bedingungslosen Glauben zu schenken[77]. Gefordert wird also die Fähigkeit, sich in die Zeit Jesu versetzen zu können und ehrlich zu überlegen, was die Worte Jesu damals bedeutet haben. Nur eine solche Gleichzeitigkeit wird den wahren Ernst des Glaubens vor Augen führen.
Freilich hat Jesus seine direkte Mitteilung eindrucksvoll unterstrichen, nämlich durch die Wunder, die er wirkte. Jedoch machen die Wunder nur aufmerksam auf die Person Jesu und beweisen noch nicht seine Göttlichkeit. Jesus wollte ja eben nicht in seinem Inkognito unerkannt bleiben. Dies wäre ein absolutes Paradox und bitterste Ironie gewesen, die von Gott, der die Liebe ist, undenkbar wäre[78].
Jedoch wurden die Wunder meist unmittelbar, in ihrer direkten Wirkung, verstanden, während die Reflexionsbestimmung nicht erkannt wurde (so wie auch heute die Lehre Jesu von bestimmten Gruppen übernommen wird, oder gewisse Teile benutzt werden, ohne dass diese Jünger Jesu sein wollen, d.h. ohne an den Gott-Menschen zu glauben. Genau dies ist aber die effektive Abschaffung des Christentums[79].
Da es nun weder möglich ist durch die direkten Aussagen Jesu, noch durch die Wunder ohne weiteres zu einem wahren Christentum gelangen zu können, stellt sich die Frage, wie man denn dann in ein solches eintreten kann. Hier nun kommen wir auf Lessing zurück, der den Sprung über den garstigen Graben nicht vermochte auszuführen[80].

- der Sprung des Glaubens

Für Lessing ist der Sprung des Glaubens eine Unmöglichkeit gewesen, weil der Verstand allein das Paradox nicht zu lösen vermag. So lässt sich eine Nachfolge Jesu nicht allein logisch rechtfertigen. Das, was der Glaube

77 ebd.; S. 111/113
78 s. Tagebücher I; S. 304; zit. n. Fischer; a.a.O.; S. 57
79 Einübung des Christentums; S. 125/128; vgl. dass. S. 38
80 s. 1.1.

behauptet, liegt außerhalb des normalen Erfahrungsbereiches des Menschen. Die Berichte in den Evangelien sind historisch ein einmaliger Vorgang von wunderbaren, seltsamen Dingen, die den Menschen gleichermaßen anziehen und erschrecken ('tremendum' und 'fascinans' bewirken)[81].

Wer ist es nun, der den Menschen die Erkenntnis gibt, woraus dann der Wille zur bedingungslosen Nachfolge resultiert?

Jesus gab seinem Jünger Petrus Zeugnis davon, dass dies nur durch eine Eingebung des Vaters im Himmel möglich ist (Matthäus 16,17).

Ein Mensch entschließt sich zum Sprung zu dem Paradox, zum Sprung über das, was der Verstand allein nicht fassen kann, wenn die vollmächtige Verkündigung ihn davon überzeugt, dass in der Nachfolge des Gott-Menschen die Erfüllung seiner Existenz liegt.

Der Heilige Geist benutzt die vollmächtige Verkündigung, um Menschen zum Sprung (in die Arme Gottes) bereit zu machen.

Wer diesen Sprung vollkommen auszuführen versteht, der wie ein Kind vertrauensvoll in die Arme des Vaters springt, führt ein zufriedenes, glückseliges Leben in der Welt, obwohl er zu jeder Zeit auf die Ewigkeit ausgerichtet ist.

Kierkegaard gibt eine eingehende Beschreibung von solch einem 'Ritter der Unendlichkeit' in seinem Werk 'Furcht und Zittern'[82].

Demnach geht der Verfasser mit der Definition von W.Lowrie einig:

> Der Sprung ist in Wirklichkeit eine endgültige Wahl, und als solche ist er ein Willensausdruck. Aber das bedeutet nicht etwa, dass zwischen dem Intellekt und dem Willen nun ein Gegensatz angenommen würde, denn in der Wahl ist der ganze Mensch mit Intellekt, Gefühl und Willen

81 vgl. 3.1.
82 s.S. 37ff

gesammelt und geschlossen[83].

Wir sehen also, dass Kierkegaard den Begriff 'Sprung' mit gleichen Inhalt füllt, wie es das Wort 'Bekehrung' oder 'Umkehr' im christlichen und theologischen Umfeld gewöhnlich hat. Dabei ist darauf Wert zu legen, dass der 'Ritter der Unendlichkeit' sich fortwährend im Sprung bewähren muss.
Damit weist Kierkegaard indirekt zurück auf die Anfänge der Reformation[84].

83 Das Leben Sören Kierkegaards; Düsseldorf/Köln 1955; S. 154; zit.n. Schüepp; a.a.O.; S. 212, Anm. 50
84 Vgl. die ersten drei der 95 Thesen Martin Luthers, 'dass das ganze Leben der Gläubigen Buße sein soll'.

3.4. Folgen aus dem Göttlichen Paradox

Wir können nun daran gehen, zu zeigen, was direkt aus dem Göttlichen Paradox zu folgern ist.

Dabei werden wir sehen, dass Kierkegaard keine neue Philosophie ins Leben gerufen hat, etwa der Vater des Existentialismus genannt werden könnte. Kierkegaard war kein Philosoph, er war Christlicher Schriftsteller, ja, ein ganz auf die Bibel als unfehlbares Wort Gottes gegründeter Theologe, auch wenn er sich nie so bezeichnet hätte.

Er wollte das bestehende Christentum wach rütteln und zu einer wahren Nachfolge aufrufen. Dies hat er auf eine ganz einzigartige und eigentümliche Art und Weise gemacht.

Alle drei im Folgenden aufgeführten Punkte sind im Vorangehendem bereits angeklungen. Sie sind in Kierkegaards Werken immer wieder in verschiedenen Variationen anzutreffen. Sie bedürfen hier einer näheren Erläuterung, da sie einerseits missverstanden und missbraucht worden sind, andererseits jedoch die Herausforderung Kierkegaards an den Einzelnen darstellen.

- Notabene

Die Aussage, um die es dabei geht, bildet den Gipfel[85], das Fazit, der 'Philosophischen Brocken':

> Selbst wenn die gleichzeitige Generation nichts anderes hinterlassen hätte, als die Worte: „Wir haben geglaubt, dass der Gott anno so und so sich gezeigt hat in der geringen Gestalt eines Knechtes, unter uns gelebt und gelehrt hat, und alsdann gestorben ist“ - das ist mehr als

85 so Fischer; a.a.O.; S. 64

genug[86].

Wie die 'Philosophischen Brocken', - und damit auch diese Aussage -, im Hinblick auf das Gesamtwerk einzustufen ist, haben wir bereits erörtert.
Es spricht hier eben nicht der Christ Sören Kierkegaard, sondern ein Pseudonym.
Kierkegaard zeigt hier in extremster Form, was das eigentliche Wesen und damit der wichtigste Inhalt der biblischen Botschaft ist: die Mensch-Werdung, besser noch die Knecht-Werdung Gottes. Hieraus lässt sich alles weitere folgern: die Offenbarung Gottes, das Mitfühlen Gottes mit den leidenden Menschen, seine Liebe zum Menschen, seinen Willen ihm zu helfen, und auch, dass es sich für den Menschen lohnt, einem solchen Gott zu vertrauen.
Freilich dürfen und sollen wir dankbar dafür sein, dass Gott so viel mehr von sich direkt offenbart hat. Kierkegaard ist es auch ganz gewiss gewesen, denn sein Denken, Leben und Wirken floss aus seinem Verständnis von dieser reichen Offenbarung, aus der Heiligen Schrift.
Das Notabene bildet auch den Gipfel der ästhetischen Schriften, es bildet ein Bollwerk gegen die Auffassung, es sei das einzige Ziel des Menschen die Natur, die Schöpfung Gottes zu genießen, und gegen die Haltung, dass mit einem ethisch einwandfreien Leben die Pflicht des Menschen gegenüber Gott erfüllt sei.
Ein Mensch lebt nur dann Ziel orientiert, wenn er weiß, worin der Sinn seiner Existenz besteht. Der Sinn der menschlichen Existenz besteht nämlich darin, eine persönliche Beziehung zu dem lebendigen Gott zu haben. Eine lebendige und gegenseitige Beziehung zu Gott kann aber nur dann bestehen, wenn Gott sich auf die Stufe des Menschen begibt und sich auf menschliche Weise verständlich macht. Da dies nun für alle Menschen wertvoll und möglich sein soll, muss diese Offenbarung von Generation zu Generation

86 ebd. S. 102

weitergegeben werden.
Das Minimum der Offenbarung, die nötig gewesen wäre, um dem Menschen eine Ziel orientierte Existenz zu ermöglichen, ist in dem Notabene gegeben. Somit hat Kierkegaard auf seine eigentümliche Weise den Zentralgedanken der biblischen Botschaft heraus gearbeitet, - alles weitere ist von dieser Wahrheit abhängig.

- Subjektivismus / Individualismus

Kierkegaard betont in seinen Werken, dass die eigentliche Verwirklichung des Christentums darin besteht, dass der Einzelne eine persönliche Beziehung zu dem Göttlichen Paradox besitzt, und dass der Gehorsam zu Gott sein ganzes Sein bestimmt.
Sehr fein hat Kierkegaard diesen Sachverhalt am Beispiel Abraham und Isaak dargestellt, welches das einzige Thema des Buches 'Furcht und Zittern' ist. Hierin versucht Kierkegaard nachzuweisen, dass die Opferung Isaaks weder logisch, noch ethisch zu rechtfertigen gewesen ist. Denn logisch betrachtet war es ein Unsinn den Träger der Verheißungen Gottes opfern zu wollen, und ethisch gesprochen plante Abraham einen Mord.
Diese Begebenheit wird nur verständlich aus dem persönlichen Verhältnis Gott-Abraham, das heißt aus dem Reden Gottes zu Abraham, und dessen Vertrauen in Gott. Die Moral der Geschichte ist nun nicht die, dass jeder seinen Sohn opfern soll, sondern die, dass ein jeder sein persönliches Verhältnis zu Gott haben soll.
Ohne diese Liebe, sagt Jesus, die unter Umständen alles außer Kraft setzt, ist Jüngerschaft, oder wahres Christ-Sein, nicht möglich (s. Lukas 14,26).
Kierkegaard schreibt dazu:

> Das ist eine harte Rede, wer kann sie hören? Man hört sie demgemäß auch sehr selten. Doch dies Verstummen ist lediglich eine Ausflucht, die

nichts hilft. Der Student der Theologie bekommt unterdessen zu wissen, daß diese Worte im Neuen Testament vorkommen, und in dem einen oder anderen exegetischen Hilfsmittel findet er die Aufklärung, daß das griechische Wort, welches gewöhnlich 'hassen' bedeutet, an dieser und einigen anderen Stellen in abgeschwächter Form für 'minder lieben, hintansetzen, nicht achten, für nichts rechnen' stehe. Die Verbindung, in der diese Worte vorkommen, scheint diese geschmackvolle Erklärung freilich nicht zu bestätigen... Wenn es jenem frommen und gelehrten Ausleger, der mit solchem Feilschen das Christentum in die Welt einzuschmuggeln vermeint, glückte, einen Menschen davon zu überzeugen, daß dies grammatisch, sprachwissenschaftlich und analogisch der Sinn jener Stelle sei, so wäre er hoffentlich im gleichen Augenblicke so glücklich den gleichen Menschen zu überzeugen, daß das Christentum etwas von dem Allererbärmlichsten in der Welt sei. Denn die Lehre, welche in einem ihrer mächtigsten lyrischen Ausbrüche, wo das Bewußtsein ihrer ewigen Gültigkeit am stärksten pocht, nichts anderes zu sagen hat als ein lärmendes Wort, das keinen Sinn hat und allein bedeutet, man solle minder wohlwollend, minder aufmerksam und mehr gleichgültig sein, die Lehre, welche in dem Augenblick, wo sie Mine macht, das Entsetzliche zu sagen, damit endet zu sabbern statt zu entsetzen, - die Lehre ist gewiß nicht der Mühe wert, ihretwegen aufzustehen...
Man sieht nun leicht ein: wenn die Stelle einen Sinn haben soll, muß sie schlicht, wie die Worte lauten, verstanden werden. Gott ist der, welcher schlechthin Liebe heischt. Wer nun die Liebe eines Menschen heischt und dabei meint, sie solle sich zugleich damit beweisen, daß er gegen alles, was ihm lieb ist, lau wird, der ist nicht nur ein Egoist, sondern zugleich auch dumm, und der solch eine Liebe heischen würde, der unterschreibt im gleichen Augenblick sein eigenes Todesurteil, insoweit

> er sein Leben in der begehrten Liebe hätte... Was man also bei einem Menschen als ein Anzeichen von Egoismus und Dummheit ansähe, das soll man unter Beistand eines Auslegers für eine würdige Vorstellung von der Gottheit halten? Aber wieso denn sie hassen? Ich will hier nicht an die menschliche Scheidung entweder lieben oder hassen erinnern, nicht etwa, weil ich so viel gegen sie hätte, denn sie zeugt doch von Leidenschaft, sondern weil sie egoistisch ist und nicht hierher paßt. Sehe ich dahingegen die Aufgabe als ein Paradox an, so verstehe ich sie, d.h. ich verstehe sie auf die Weise, wie man ein Paradox verstehen kann. Die absolute Pflicht kann einen also dahin bringen, das zu tun, was die Ethik untersagen würde, aber keineswegs kann sie den Glaubensritter dahin bringen, die Liebe fahren zu lassen. Das zeigt Abraham...[87].

Es geht Kierkegaard nicht darum allgemeine Wahrheiten zu verbreiten, oder eine systematische Dogmatik zu erstellen, sondern darum, dem Einzelnen zu einer oben beschriebenen Gottes-Beziehung zu verhelfen. Er will den Einzelnen erreichen, der gerade sein Buch liest; - mag er so oder so, Sören Kierkegaard oder Regine Olsen heißen; denn die Betonung des Einzelnen ist unbedingt eine Errungenschaft des Christentums:

> 'Der Einzelne' mit dieser Kategorie steht und fällt die Sache des Christentums, nachdem die Welt so reflektiert geworden ist, wie sie es ist. Ohne diese Kategorie hat der Pantheismus unbedingt gesiegt[88].

87 Furcht und Zittern; S. 79ff
88 Der Gesichtspunkt...; S. 96

- Das Verhältnis zum Absolutem und die Einübung

Das vorangehende Kapitel hat uns gezeigt, dass das Dasein des Christen dialektisch bestimmt ist. Zu einem ist es bestimmt durch die persönliche Beziehung zum Absolutem, zu Gott, und zum anderen lebt der Christ immer noch in der Welt mit ihren ethischen und logischen Bestimmungen und Ordnungen, und mit den Beziehungen zu anderen Menschen.

Für den Nicht-Christen sind die ethischen und logischen Bestimmungen, ist die Allgemeinheit, das Menschengeschlecht, das Höchste[89].

Der Christ muß sich aber unter Umständen über die Allgemeinheit, wegen seines Verhältnisses zum Absolutem, hinwegsetzen, - wie Abraham es getan, und wie es in Vollkommenheit der Christus gelebt hat.

Jedoch soll sich zu jeder Zeit, und nicht nur in gewissen Umständen, das Verhältnis des Christen zum Absolutem ausdrücken.

Wir hatten bereits an einer anderen Stelle davon gesprochen, wie Kierkegaard sich das Alltagsleben eines solchen 'Glaubensritter' vorstellt: voller Hoffnung, voller Freude und Freundlichkeit, auch dann, wenn sich seine Erwartungen und Wünsche nicht erfüllen[90].

Das Ziel, welches Gott dabei mit dem Menschen verfolgt, ist 'Umschaffung', und diese 'Umschaffung' erfolgt aufgrund der Liebe Gottes[91].

Die Liebe ist neben dem Sünden-Bewusstsein überhaupt der Grund, der einen Menschen dazu veranlasst in eine Beziehung zum Absolutem zu treten[92].

Wie hat sich nun der Christ konkret zu verhalten?

Er hat sich so zu verhalten, dass sich jeder für sich in stiller Innerlichkeit

89 Dies ist einer der Hauptvorwürfe Kierkegaards, dass das Christentum zurückgekehrt ist zum 'Geschlecht', zur 'Menge', zum 'Publikum', wo schon Sokrates ein kleiner Einbruch gelungen war. s. Der Gesichtspunkt...; S. 95ff

90 s. Furcht und Zittern; S. 37ff

91 s. Einübung zum Christentum; S. 56

92 ebd.; S. 61

> vor Gott darunter demütigt, was es doch heißen will, im strengsten Sinn Christ zu sein; dass er aufrichtig vor Gott eingestehen soll, wer er ist, damit er die Gnade, die jeden Unvollkommenen (also jeden) angeboten wird, würdig annehme. Und dann nichts weiter; dann verrichte er übrigens seine Arbeit, froh seiner Arbeit, liebe sein Weib, froh seines Weibes, erziehe sich seine Kinder zur Freude, liebe seine Mitmenschen und freue sich des Lebens. Ob weiteres von ihm gefordert wird, wird ihn Gott wohl verstehen lassen, und Gott wird ihm in diesen Fall auch weiter helfen[93].

Kierkegaard betont aber auch immer wieder, dass das Christentum für denjenigen, dem das Sünden-Bewusstsein abhanden gekommen ist, sowie für alle sinnlichen Menschen, eine 'Verrücktheit', 'die größte Plage', 'Jammer und Schmerz' und letztendlich gar ein 'Verbrechen' ist[94].

Jedoch erscheint es nicht nur dem Nicht-Christen so, sondern in Wahrheit bedeutet die religiöse Existenz Leiden, und zwar nicht (nur) äußeres Leiden, sondern Leiden als 'Kennzeichen des Gottesverhältnisses'[95].

Der Soll-Gehalt des christlichen Alltags wird von Kierkegaard weiter an dem biblischen Bild von der Lilie und von dem Vogel aus der Bergpredigt deutlich gemacht[96].

Der sinnliche Mensch, von Kierkegaard hier als 'Dichter' bezeichnet, würde in dem Bild eine Sehnsucht ausgedrückt sehen, ein Verlangen, das in Wirklichkeit, im Alltag, nicht gestillt werden kann. Für den wahren Christen liegt in dem Bild aber eine ernste Forderung. Vogel und Lilie sind hier Lehrmeister[97].

---

93 Einübung im Christentum; S. 60

94 ebd.; S. 56f

95 vgl. Nachschrift II; S. 161ff; - freilich heißt 'glauben' auch selig sein, doch hier kommt wiederum das Dialektische zum Ausdruck, dass der Christ zugleich selig sein kann, und doch an seinem Gottesverhältnis leidet.

96 s. Kleine Schriften; S. 29ff

97 ebd.; S. 32f

Spricht der Christ nun öffentlich vom Ernst des Bildes, dass nämlich der Mensch in Bezug auf seine Bedürfnisse auf Gott allein vertrauen soll, so verschwindet die romantische Stimmung des Dichters sehr schnell und er beginnt sich über das Bild lustig zu machen, für ihn ist es nur ein 'Scherz'[98].

In dem Kapitel über den Lebensabriss Kierkegaards hat der Verfasser die Auffassung vertreten, dass Kierkegaard es als Gottes Berufung angesehen hat, sein ganzes Leben als Christlicher Schriftsteller einzusetzen. Zum Teil dieser Berufung wegen, und damit aufgrund seiner Liebe zu Gott, hat er seine Verlobung mit Regine geopfert, und ist ehelos geblieben.

Zum anderen Teil hat Kierkegaard nie eine Pfarrstelle bekleidet, oder je eine andere Tätigkeit ausgeübt, die ihm ein regelmäßiges Einkommen gesichert hätte. Wenn die Schriftstellerei aber die Berufung Gottes für ihn gewesen ist, dann hat Gott gewiss dafür gesorgt, dass er alles zum Leben nötige bekam.

Der Finanzhaushalt Kierkegaards ist nicht gänzlich bekannt. Wie schon geschildert hatte er nach dem Tod des Vaters ein recht großes Vermögen, welches er auch weise verwaltete. Ab 1847 warf seine Schriftstellerei etwas Gewinn ab. Da sein Vermögen aber zusehends schrumpfte, machte er sich auch ernstliche Gedanken um seine Lebensweise. Der Verfasser geht davon aus, dass Kierkegaard diese praktischen Fragen vor und mit Gott im Gebet bewegte.

Kierkegaard wusste sich von Gott abhängig und nahm das biblische Bild vom Vogel und von der Lilie als Lehrmeister für sich in Anspruch und lebte nach seinem Verständnis von Gottes Wort, der Bibel.

Sein Vermögen war dann schließlich genau mit dem Begräbnis Kierkegaards aufgebraucht. Dies scheint durchaus eine Bestätigung Gottes für seine Finanz-Politik zu sein[99].

Jakim Garff schreibt auch über das Wirtschaften des Hauses Kierkegaard,

98 s. Kleine Schriften; S. 34

99 vgl. Hohlenberg; a.a.O.; S. 351

indem er alle zur Verfügung stehenden Quellen untersucht, einschließlich alter Rechnungen und Quittungen. Die Fakten bleiben letztlich die gleichen. Die Einnahmen Kierkegaards durch den Verkauf seiner Bücher konnten niemals die Kosten für seinen Lebensunterhalt decken. Dabei darf man getrost außer Acht lassen, dass er sich den ein oder anderen Luxus gönnte. Bei seinem Arbeitspensum, ohne Familie, ohne Urlaub und Reisen, braucht es andere Ventile und einen anderen Ausgleich, um den Druck auszuhalten. Vor allem, wenn man bedenkt, welche Ablehnung und was für Anfeindungen er aushalten musste.

Garff selbst zitiert H.F. Lund, der nach dem Tode Kierkegaards folgendes schrieb:

> Wenn Leute von dem großen Vermögen reden, das er hinterlassen hat, laß sie nur reden, die Wahrheit ist jedoch folgende, daß er Zeit seines Lebens sein Vermögen für seine Schriften, seinen Lebensunterhalt und für gute Zwecke verbraucht hat, so daß nach ihm nichts übrig ist außer seine Bibliothek etc.[100]

Garff sieht hierin den Beginn eines Gerüchtes, und deutet an, dass sich Kierkegaard, zumindest in den letzten Lebensjahren bei einem mehr eingeschränkten Lebensstil, hätte selbst unterhalten können (und sollen?).

Der Verfasser deutet die Situation, und die Aussagen von Zeitzeugen anders, und sieht im Leben Kierkegaards die Fürsorge des himmlischen Vaters, die Erfüllung der Verheißungen der Bibel, wie Kierkegaard selbst diese beschrieben hat.

Dieses Kapitel lässt sich wie folgt zusammenfassen: Das Göttliche Paradox

100 Kierkegaard; S. 593

besteht darin, dass der Mensch Jesus von Nazareth zugleich Gott ist, und aufgrund dessen in seinem historischen Leben seinen Zeitgenossen entweder zum Ärgernis oder zum Glaubens-Inhalt geworden ist. So geriet er auch mit den Lehren der Alten in Konflikt[101].

Die Folgen des Göttlichen Paradoxes für die Menschen heute sind damit ganz genau dieselben. Jesus Christus ist auch uns heute, wie allen Generationen vor und nach uns, entweder ein Anstoß des Ärgernisses, oder des Spottes, oder er wird mir zum Anstoß des Glaubens, so dass ich im Vertrauen den Sprung zu ihm über die Zeit und über die Weisheit dieser Welt wage. In der Folge werde ich bereit Jesus bedingungslos zu vertrauen und ihm zu folgen, bereit, zu tun, was er mir sagt und zeigt. Ich werde zu einem 'Glaubensritter' im Sinne Kierkegaards.

Ein solcher Christ wird dann auch in Konflikt mit dem Bestehenden geraten, denn das Wesen des Christentums ist eine innerliche Beziehung. Das Wesen des Christentums ist nicht ein System von Geboten und Verboten, ist in keiner Weise eine statische Ethik. Das Verhältnis des Einzelnen zu Gott ist höher als die Allgemeinheit, höher als das objektiv Bestehende. Hören wir zum Schluss dieses Kapitels noch einmal auf Kierkegaard selbst:

> Indem sich nun ein Einzelner dem Bestehenden gegenüber, das sich selbst vergöttlicht hat, auf sein Gottesverhältnis beruft, sieht es ja aus, als wollte er mehr als ein Mensch sein. Das will er jedoch keineswegs; denn er räumt ja ein, dass jeder Mensch, unbedingt jeder Mensch, in seinem Teil dasselbe Verhältnis zu Gott hat und haben soll. Sowenig wie wer sagt er sei verliebt, dies damit einem anderen abstreitet: noch weniger streitet es ein solcher Einzelner den anderen (Einzelnen!) ab, daß sie das Gottesverhältnis haben. Doch davon will das Bestehende nichts wissen, daß es aus etwas so Losem wie einer Sammlung von

101 s. Einübung im Christentum; S. 78f

Millionen Einzelner bestehe, von denen jeder für sich ein Gottesverhältnis habe. Das Bestehende will ein Ganzes sein, das nichts über sich kennt, aber jeden Einzelnen unter sich hat, und über jeden Einzelnen, der sich in das Bestehende einordnet zu urteilen hat. Und jenen Einzelnen, der doch wohl die demütigste, aber auch die humanste Lehre über das Menschsein vorträgt, will das Bestehende damit erschrecken, daß es ihm auf den Kopf zusagt, er begehe eine Blasphemie[102].

102 Einübung im Christentum; S. 77

4. Die Theologie des Paradoxes

Bisher haben wir gesehen, wie sehr Kierkegaard sich in der Philosophie und Theologie seiner Zeit auskannte, wie er vereinzelt Gedanken aufgriff, sich aber gegen die jeweiligen Hauptrichtungen wandte. Wir haben ein wenig in sein Leben geblickt, wie seine ganze Existenz seine Gedanken widergespiegelt hat. Zuletzt haben wir den Begriff 'Paradox' beleuchtet und zu begreifen versucht, besonders in Anbetracht des 'Göttlichen Paradox'.
In diesem letzten Teil möchte der Verfasser die Auffassung, dass die Schriften und Gedanken Kierkegaards zutiefst ihre Wurzeln in der Bibel haben, vertiefen.
Deswegen ist es auch nicht verwunderlich, dass das frühe Christentum das Göttliche Paradox erkannt und im Dogma bekannt hat; auch dies soll aufgezeigt werden.
Abschließend sollen einige Schlussfolgerungen für den Glauben heutiger Christen angesprochen werden.

4.1. Die Grundlage im Neuen Testament

In Kapitel 3.2. haben wir bereits Lukas 5,26 ausgelegt. Jedoch ist dies keineswegs die einzige Stelle, die das Gedankengut Kierkegaards begründet. Wir wollen einige weitere Passagen betrachten.

- Matthäus 11,25-27

Jesus hatte gerade harte Gerichtsworte über die Orte Chorazin, Betsaida und Kapernaum gesprochen, weil seine Bewohner nicht Buße getan und Jesu Worte abgelehnt hatten (Matthäus 11,20). Jesus führt dann weiter aus, dass

„die Weisen und Verständigen“ die '*dynamis*' Jesu (die von ihm ausgehende Kraft, seine ganz außergewöhnlichen Wunder, seine vollmächtigen Reden, die mit nichts zu vergleichen waren) von sich aus, mit ihrer eigenen menschlichen Weisheit, nicht zu begreifen und einzuordnen vermögen. Dazu müssten sie sich für Jesus und Seinen Worten öffnen, erkennen, dass sie bisher einen falschen Weg eingeschlagen haben. Gott selbst muss es ihnen offenbaren. Dies aber gerade ist der Auftrag Jesu, der Gott selbst ist (Gottes Sohn), er ist gekommen, um es ihnen zu offenbaren und deutlich zu machen.
Interessant ist nun, dass Jesus den Weisen und Verständigen die *nepios* gegenüber stellt. Die eigentliche Bedeutung von diesem griechischen Wort ist 'Kinder'; - also Menschen, die noch auf die Hilfe und Belehrungen der Erwachsenen angewiesen sind, und diese Hilfe im Normalfall auch bereitwillig annehmen. Genau diesen Sachverhalt hat Jesus im Auge. Er meint die „kindlich Unverbildeten“[103]. Es sind diejenigen, die bereit sind, Offenbarungen entgegen zu nehmen, auch wenn sie scheinbar nicht mit der gewöhnlichen Erfahrung übereinstimmen, und nicht ohne weiteres dem Verstand einsichtig sind.
Selbst die Jünger, die schon so viele wundersame Dinge mit Jesus erlebt hatten, begriffen nichts von dem, was das Leiden und die Auferstehung des Christus betraf (s. Lukas 18,31-34). Nur der Geist Gottes vermag die nötige Erkenntnis zu vermitteln, - und damit haben wir die Überleitung zu der nächsten Stelle, die wir untersuchen möchten.

- 1. Korinther 1,17ff

In 1. Korinther 1,17ff spricht der Apostel Paulus über die Quelle, die uns ermöglicht, Gott zu erkennen: der Geist Gottes!
Schon in den Versen zuvor beschäftigt sich Paulus mit der Frage, wie sich das Evangelium der Welt darstellt. Es besteht für ihn kein Zweifel, dass

103 W. Bauer; Wörterbuch zum Neuen Testament; Spalte 1064

denen, die die Erlösung in Jesus ablehnen, „das Wort vom Kreuz", eben das Evangelium, eine Torheit ist[104]. Freilich ist das, was das Evangelium beinhaltet, Weisheit,- aber eben Weisheit Gottes, die ein Geheimnis ist, und deshalb offenbart werden muss. Der Heilige Geist muss in einem Menschen wirken, der dann die Botschaft des Evangeliums sowohl dem Geist, als auch dem Herzen, dem ganzen Menschen, verständlich macht. Paulus vermag dann seine Ausführungen gar soweit zu steigern, dass er von solchen, die weise sein wollen, verlangt, nach weltlichen Maßstäben töricht zu werden (1. Korinther 3,18-19)!

– *mysterion*

mysterion, ein Geheimnis, ist eine Sache, die nicht jedem offensichtlich ist, sondern nur die 'Eingeweihten' haben einen Zugang.
Das Neue Testament nun spricht vom „Geheimnis des Evangeliums" (Epheser 6,19), vom „Geheimnis des Christus" (Kolosser 1,27; 2,2; 4,3) und vom „Geheimnis des Glaubens" (1. Timotheus 3,19.16).
Die Eingeweihten hier sind diejenigen, die den Geist Gottes in sich haben, weil sie als „kindlich Unverbildete" den Sprung gewagt haben, weil sie sich zu Jesus bekehrt haben und ihm nachfolgen, koste es, was es wolle.
Wenn wir dies alles zusammenfassen, dann kommen wir zu dem Schluss, dass der Inhalt des Evangeliums, Jesus Christus, und damit das, was geglaubt werden soll, ein Geheimnis ist, welches auf eine solche Weise verborgen ist, dass es für einen Weisen mit seinem weltlichen Verstand nicht aufzuschlüsseln ist und ihm deswegen als eine Torheit erscheinen muss. Nur der Glaubende erkennt im Evangelium die kostbare Perle, die es hier zu finden gibt, - die Weisheit Gottes, die zur Erlösung und in die Herrlichkeit

104 Kierkegaard hat am 24.02. 1844 zur Ergänzung des theologischen Amtsexamens über 1. Korinther gepredigt. Er zeigt in der Einleitung hierzu sehr fein, dass Paulus sehr wohl sich hätte Anerkennung in der Welt verschaffen können, dies aber seiner Botschaft nicht gemäß gewesen wäre! Vgl. Erbauliche Reden 1843/44; S. 77f

führt.

Vergleichen wir diese Schlussfolgerung mit dem, was wir über das Göttliche Paradox gesagt haben, so sehen wir eine Übereinstimmung.
Die Paradox-Christologie Kierkegaards stimmt mit dem überein, was das Neue Testament über die Beziehung Evangelium – Weisheit der Welt aussagt.
Es bleibt nun freilich eine wichtige Frage, nämlich, ob der Verstand, die Vernunft, die Logik zu verteufeln sind. Wenn dem so wäre, so würde nur ein schwammiger Gefühls-Glaube übrig bleiben. In der Tat gibt es, auch im heutigen Christentum, Richtungen, die nur noch, oder doch zum größten Teil, den Glauben in großartigen Erlebnissen und überschäumenden Gefühlen ausleben wollen, ja einen reflektierten Glauben verachten. Dies ist jedoch alles andere, als was Jesus beabsichtigte und was die Bibel lehrt.
Der Verstand, die Vernunft und die Logik haben und behalten ihren Platz und sie sind gewiss von Gott gegeben und sie sollen, wie jede andere Gabe, eingesetzt werden. Zudem vollzieht sich eine Mitteilung von Mensch zu Mensch, von erklären, erläutern u.s.w. zu begreifen, einsehen u.s.w., also über den Verstand. Gerade Kierkegaard hat sich der höchsten Kunst des Verstandes, der Dialektik, bedient, um seinen Standpunkt deutlich zu machen. Er legt in seinen Werken den unbändigen Eifer an den Tag, einen Sachverhalt unbedingt von allen möglichen Standpunkten aus zu betrachten und zu durchdenken.
Da aber nun der christliche Glaube nicht auf Beweise angelegt ist, versucht auch Kierkegaard nicht, den christlichen Glauben erklären zu wollen, so dass er allen einleuchten würde. Man kann niemanden allein mit Gründen der Vernunft überzeugen, ein echter Nachfolger Jesu zu werden. Kierkegaard will den Einzelnen darauf aufmerksam machen, dass der christliche Glaube allein dem Menschen wahren Sinn und Erfüllung geben kann.

Es geht Kierkegaard zwar auch um die Frage, wie das Christentum sich dem Verstand präsentiert; darum spricht er vom 'Paradox'. Eigentlicher aber geht es ihm darum, was das Christentum dem Einzelnen zu geben vermag[105].

4.2. Die Grundlage in der Kirchengeschichte

Gleich im 2. Jahrhundert wird das Christentum mit einer Auseinandersetzung konfrontiert, die erst im Jahre 451 eine befriedigende Lösung fand, die allerdings von manchen Theologen als nicht akzeptabel empfunden wurde, bis in unsere Tage hinein. Es ging dabei um das rechte christologische Verständnis. Der Streit bewegt sich zwischen zwei extremen Anschauungen, die beide gleichermaßen Anstoß an das Göttliche Paradox genommen haben.
Die eine Richtung nimmt Anstoß an die Menschwerdung Gottes, nämlich der Doketismus; während die andere Richtung Anstoß an das Gottsein von Jesus Christus nimmt, nämlich der Ebionismus.

– Doketismus

Der Doketismus entspringt der griechischen Philosophie, genauer gesagt der Gedankenwelt des Platonismus. Platon teilt den Kosmos in eine Schein-Welt (das, was wir sehen) und in eine Ideen-Welt (was letztlich der wirklichen Welt entspricht).
Die hellenistisch-persische-semitische Bewegung der Gnosis[106] verstand es, das Christentum in ihr Weltbild zu integrieren, freilich nicht ohne die biblische Botschaft zu verfälschen.
Der Doketismus wurde von verschiedenen Theologen in die Christologie

105 Schüepp; a.a.O.; S. 213 oder ausführlicher S. 212-215
106 Vgl. K.D. Schmidt; Grundriß der Kirchengeschichte, 7. Auflage; Göttingen 1979; S. 55f

eingeführt. Ihnen allen ist letztlich Jesus von Nazareth als Mensch und historische Person gleichgültig:

> Basilides lehrt, dass es keine Vereinigung des primogenitus Nous Christus mit der Erscheinung Jesus gegeben hat. Jesus war nur die zufällige Basis für den Christus, die Vereinigung vorübergehend und vor der Kreuzigung bereits wieder gelöst... Valentin und sein Schüler Appelles lehren, dass der Leib Christi nicht ein von Menschen geborener, sondern himmlischer Leib gewesen ist. Satornil geht soweit zu sagen, Christus habe gar keinen Leib gehabt, sei nicht geboren worden und habe in einer Scheingestalt gelitten[107].

Die Gnosis wurde erfolgreich bekämpft, was wohl vor allem dem Hauptwerk des Irenäus (geb. um 115 n.Chr.), „Entlarvung und Widerlegung der fälschlich sogenannten Gnosis“, zu verdanken ist.
Trotzdem wurde noch vielfach, in abgewandelter Form, eine doketische Christologie vertreten, so zum Beispiel von Apollinares von Laodicea (gestorben 385/95), der in dem Christus den menschlichen *Nous* (Vernunft; Verstand) durch den göttlichen *Logos* (Wort) ersetzt sah, und somit das vollständige Menschsein Jesu leugnete[108].
Der Doketismus des letzten Jahrhunderts und des 21. Jahrhunderts wird von der liberalen Theologie vorgetragen, indem sie einen spekulativen Geschichtsbegriff und eine religiöse Evolution an den historischen Jesus heranträgt[109].

- Ebionismus

Der Ebionismus neigt genau zu der anderen Seite, indem er nicht dem

107 D. Bonhoeffer; Christologie; München 1981; S. 55f
108 Vgl. Heussi; a.a.O.; S. 99
109 So schon von Bonhoeffer erkannt; a.a.O.; S. 56f

Christus das wahre Menschsein, sondern das wirkliche Gottsein abspricht. Diese Richtung findet sich bei den Monarchianern, deren Hauptvertreter Paul von Samosata gewesen ist. Er verstand den Christus als geschaffenes Wesen, der nur durch einen besonderen Willensentschluss mit dem Gott-Vater verbunden gewesen sei.
Hier hinein gehört weiterhin jede Geistesrichtung, die eine unmittelbare Offenbarung Gottes generell ausschließt.

- Chalcedonense

Es bildete sich in der Frühen Kirche zu einem die monophysitische Theologie (das Jesus nur von einer Natur gewesen ist), und zum anderen die nestorianische Theologie heraus.
Die erstere wollte das Gottsein Jesu retten, die andere meinte, das Menschsein Jesu unter allen Umständen verteidigen zu müssen.
Nach vielen Kämpfen kam es 451 zu dem Konzil von Chalcedon und dem Chalcedonense Bekenntnis:

> ein und derselbe Christus, - in zwei Naturen: unvermischt und unverwandelt (gegen die Monophysiten gerichtet); ununterschieden und ungetrennt (gegen die Nestorianer gerichtet).

Bonhoeffer urteilt in seiner Christologie:

> Was war mit der Formel von Chalcedon gesagt? Dies, daß sämtliche Möglichkeiten, Göttliches und Menschliches in Jesus Christus nebeneinander oder miteinander oder als Beziehung dinglicher Gegebenheiten zu denken, von vornherein für unmöglich und unerlaubt erklärt wurden. Es bleiben lauter Negationen zurück. Keine positive Denkbestimmung bleibt mehr übrig, zu sagen, was im Gott-Menschen

> Jesus Christus geschieht. Damit ist die Sache selbst als Mysterium zurückgelassen und muss als solches verstanden werden. Der Zutritt ist dem Glauben allein vorbehalten[110].

Genauso hatten wir mit Kierkegaard das Göttliche Paradox definiert. Die Frühe Kirche kommt zu dem Ergebnis, dass die Frage des 'Wie' der zwei Naturen in der Person Christi, ein Geheimnis ist.

Das Drängen der Menschen, alles nach seiner Beschaffenheit untersuchen zu wollen, dem auch die Theologen in Bezug auf Jesus Christus nicht zu widerstehen vermochten, musste an dem Göttlichen Paradox zerbrechen.
Die Frage, die der Einzelne, - ängstlich oder hoffnungsvoll -, wenn er auf den Christus trifft zu stellen hat, lautet: „Wer bist du?“

> Die menschliche Vernunft wird durch die Wer-Frage an ihre Grenze gestellt. Was geschieht, wenn der Gegenlogos seinen Anspruch erhebt? Der Mensch vernichtet das Wer, das ihm gegenüber steht. „Wer bist du?“, fragt Pilatus. Jesus schweigt. Der Mensch kann die gefährliche Antwort nicht abwarten. Der Logos erträgt den Gegenlogos nicht. Er weiß, dass einer sterben muss. So tötet er den eben Befragten. Weil der menschliche Logos nicht sterben will, darum muss der Gottes-Logos, der sein Tod wäre, sterben, damit er weiterlebt mit seiner unbeantworteten Existenz – und Transzendenzfrage. Der Mensch gewordene Gottes-Logos muß ans Kreuz durch das Menschenlogos. Der die gefährliche Frage aufzwang, wird getötet und mit ihm die Frage.
> Was geschieht jedoch, wenn dieses getötete Gegenwort sich lebendig und siegreich als das letzte Wort Gottes aus dem Tod erhebt? Wenn es

110 S. 64f

sich gegen seinen Mörder aufrichtet? Wenn der Gekreuzigte sich als der Auferstandene zeigt? Hier spitzt sich die Frage „Wer bist du?“ auf das schärfste zu. Hier steht sie ewig lebendig über, um und im Menschen, als Frage wie als Antwort. Gegen den Menschgewordenen vermochte der Mensch zu streiten, dem Auferstandenen gegenüber bleibt er machtlos. Nun ist er selbst der Gerichtete. Die Frage wendet sich um und fällt auf den menschlichen Logos zurück... Was kann das konkret heißen? Der Unbekannte tritt auch heute Menschen in den Weg, so daß nur noch die Frage bleibt: Wer bist Du... Sie müssen sich mit ihm auseinandersetzen. Auch mit Goethe und Sokrates muß man sich auseinandersetzen. Davon hängt unsere Bildung ab und unser Ethos ab. Von der Auseinandersetzung mit Christus hängen aber Leben und Tod, Heil und Verdammnis ab. Von außen gesehen ist das nicht einzusehen. In der Kirche ist es aber der Satz, auf dem alles ruht: „Es ist in keinem anderen Heil“ (Apostelgeschichte 4,12). Die Begegnung mit Jesus hat eine andere Ursache als die mit Sokrates und Goethe. An der Person Jesu kommt man darum nicht vorbei, weil er lebt. An der Person Goethes kommt man zur Not vorüber, weil er tot ist[111].

111 Bonhoeffer, a.a.O.; S. 13f

4.3. Folgen für den Glauben

Wer mit dem Dargelegten übereinstimmt und nicht daran vorüber gehen will, sollte sich der Folgen bewusst werden, die bestimmte Bereiche des Glaubens betreffen.

- Apologetik / Evangelisation

Es gibt grundsätzlich nur zwei Standpunkte dem Christus gegenüber: die Beziehung des Glaubens, oder die strikte Ablehnung (vgl. Matthäus 12,30). Derjenige, der unbeteiligt tut, oder gleichgültig bleibt, weder kalt, noch heiß ist, ist Gott umso mehr ein Greuel (Offenbarung 3,16).

Allein der Heilige Geist, der Geist Gottes, die göttliche Weisheit, macht einsichtig und veranlasst Menschen zum Sprung über den Graben. Die Vernunft vermag dies alles nicht zu bewirken, obwohl sie durchaus weise angewendet sein will, um dem Einzelnen das Christentum als die einzige Erfüllung seiner Existenz darzustellen.

Es kann nicht darum gehen dem anderen seine Weisheit abzusprechen, sondern nur darum, das Evangelium so anzubieten, dass der andere aufmerksam wird, dem Paradox dabei aber kein Abbruch getan wird.

Als ein Beispiel dafür dient uns Paulus:

> Er ist nicht vorgestürmt, um der Heiden Altäre zu stürzen, er hat ihre Weisheit nicht verspottet, hat nicht gemeint, dies sei die Weise, auf die man durch seinen Eifer unvergesslich werde. Er hat die Verse ihrer Dichter benutzt, die auf der Leute Lippen waren, damit seine Lehre auf diesem Wege dem Herzen nahe komme;... er ist stehen geblieben bei ihrem Altar, um die rätselhafte Inschrift, die des Heidentum höchste Wahrheit war, seine Lehre Wahrheit hineinzulegen. Wollte man sie aber mißverstehen, diese liebevolle Selbstverleugnung, diese sorgende

> Langmut, welche die Menschen liebte und ihr Wohl begehrte, wollte eine weltliche Weisheit ihm helfen, sich in der Erklärung auf halbem Wege entgegenzukommen, wollte das Üppige gedankenlos Leben in den Städten das Christentum eitel nehmen, es so nehmen wie alles andere,wie es das eine nahm mit dem anderen, dann war er abermals sich selber treu, seiner Lehre, seiner Vollmacht, seiner Verantwortung für die späteren Zeiten... Er schwankte nicht; er bekannte: die Lehre, die er verkündige, sei Juden ein Ärgernis und Heiden eine Torheit. Hätte die halbe Welt ihren Spott wider ihn gerichtet, die andere kleine Hälfte Ärgernis genommen, er hätte nichts geändert, nicht ein Tüttel, und hätte er gleich die Lehre so mit sich ins Grab genommen und auch nicht einen Einzigen gewonnen. Er reizt niemand, er sucht keinen Beweis für die Lehre darin, daß sie Juden ein Ärgernis und Griechen eine Torheit ist; aber er weiß, die Lehre ist Wahrheit[112].

Die heutigen Christen, Gemeinden und Missionen, haben diese Einsicht verloren und eine solche Einstellung aufgegeben! Vielfach hat man Methoden entwickelt und wendet sie auch an, wo man das Evangelium dem Menschen angenehm machen möchte. Man integriert das, was einer bestimmten Menschengruppe gefällt, in den Glauben und verspricht ihnen ein noch besseres Leben. Man verzichtet auf das Göttliche Paradox, fordert keinen Sprung in die Arme des Vaters Jesu Christi, es findet keine Herausforderung an das Bestehende statt. Man vermischt sich gar mit anderen Religionen, bildet nur noch sogenannte Gruppen von „Gläubigen“ innerhalb anderer Religionen. Das ist Synkretismus, Vermischung des Glaubens, die Verleugnung von Jesus Christus, dem Göttlichen Paradox, ein Schielen auf und Buhlen um menschlich sichtbaren Erfolg. Das persönliche Verhältnis zu dem Göttlichen Paradox ist verloren gegangen, man hat keine innere

112 S. Kierkegaard; Erbauliche Reden 1843/44; S. 79

Berufung mehr, und muss sich so mit dem Erfolg rechtfertigen.

Auch in der Kirchengeschichte gibt es hier Ansätze, wo man die Theologie des Paradoxes aus dem Auge zu verlieren drohte, wie schon bei manchen frühen Apologeten oder in der Scholastik, wo man versuchte das Ärgernis beiseite zu schaffen, und die Torheit vom Kreuz der menschlichen Vernunft in eine angenehme Welt-Weisheit zu verwandeln.

Wir müssen wieder zu Paulus zurück kommen. Wir sollten auch vermehrt Kierkegaard lesen.

Stehen wir zum Ärgernis, zur Torheit der Predigt?

In Mission, Evangelisation und auch im persönlichen Gespräch sollte die Apologetik, die Verteidigung des Glaubens mit Vernunftgründen, eine Nebenrolle spielen, weil man so niemanden für das Göttliche Paradox, für Jesus Christus, gewinnen kann.

Hören wir noch einmal auf den Meister Kierkegaard:

> Man sieht nunmehr, wie außerordentlich (damit noch etwas Außerordentliches übrig bleibt), wie außerordentlich dumm es ist, das Christentum zu verteidigen, wie geringe Menschenkenntnis es verrät, wie sehr es, wiewohl unbewußt, mit dem Ärgernis unter eine Decke steckt, indem es das Christentum zu einem so kümmerlichen Ding macht, das am Ende gerettet werden könnte durch eine Verteidigung... Ja, wer es verteidigt, hat nie daran geglaubt. Glaubt er, so ist des Glaubens Begeisterung – keine Verteidigung, nein, sie ist der Angriff, und der Sieg; ein Glaubender ist ein Sieger[113].

---

113 Krankheit zum Tode; S. 86

- Dogmatik / Systematik

Der Verfasser hat in diesem Büchlein das Göttliche Paradox wie es Kierkegaard verstanden hat besprochen. Jesus Christus ist ganz gewiss das Zentrum der ganzen Heiligen Schrift, nicht nur des Neuen Testamentes, sondern genauso das Zentrum des Alten Testamentes.

Wenn das so ist, dann sollte es nicht verwundern, dass auch sehr viele andere Bereiche des Christlichen Glaubens ein Paradox darstellen, die als solches dargestellt und erklärt werden sollten.

Tatsächlich finden sich in den Schriften Kierkegaards mehrere unversöhnlich dialektische, und damit paradoxe, Bestimmungen: so spricht er vom Paradox Mensch, der zugleich das Konkreteste und Abstrakteste von allem ist[114].

Kierkegaard weist auf den dialektischen Zustand des Christen hin, Leiden – Seligkeit[115], dazu ist er ganz auf die Gnade angewiesen und schwebt somit zwischen Glauben und Verzweiflung, das ist Furcht und Zittern[116]. Der Christ lebt in der Spannung Freiheit – Zwang zum Leiden[117]. Des weiteren erwähnt Kierkegaard die Position der Sünde im Verhältnis zur Satifikations-, der Rechtfertigungslehre[118]. Auch die Bekehrung eines Menschen ist ein Paradox, wo in einem Augenblick die Ewigkeit gewonnen wird[119].

Die verschiedenen Lehren im Christlichen Glauben, und die verschiedenen Kirchen und Freikirchen haben oft daher ihren Ursprung, dass die eine oder die andere Seite eines Sachverhaltes gänzlich, oder doch zu sehr, in den Vordergrund geschoben wurde, das Paradox übergangen worden ist.

Die Aufgabe der Lehre, der Dogmatik, darf es eben nicht sein, zu versuchen, das Paradox logisch aufzulösen oder eine Synthese zu finden, sondern sie sollte sich das Chalcedonense zum Vorbild nehmen und beide Seiten

114 vgl. Schüepp; a.a.O.; S. 31
115 Nachschrift II; S. 160
116 s. Schüepp; S. 77
117 ebd.; S. 122
118 s. Krankheit zum Tode; S. 100
119 s. Philosophische Brocken; S. 54f

abgrenzen. So könnten Grundlagen zur Versöhnung gelegt werden.

- Homiletik / Verkündigung

Eine Forderung, die sich immer wieder in den Werken Kierkegaards findet, ist die Forderung nach 'Gleichzeitigkeit'. Der Einzelne soll sich bemühen, sich in die Zeit Jesu zu versetzen und sich fragen, was die Predigt Jesu damals für die Jünger bedeutet hat. Ist ihm dies gelungen und hat er die Frage gründlich beantwortet, dann muss der Einzelne die gewonnene Erkenntnis in seine Wirklichkeit umsetzen.

Kierkegaard selbst ist ein Meister in dieser Beziehung gewesen, wobei er sich nicht nur als exzellenter Exeget und Dialektiker erweist, sondern auch als ein Künstler der Dichtung, Dichtung nicht romantisch, sondern ganz ernst verstanden!

So kann er ein ganzes Buch über die Opferung Isaaks durch Abraham schreiben[120], etliche Seiten über die Lilie und den Vogel verfassen[121]; fast 60 Seiten über die Einladung Jesu in Matthäus 10,25[122] und 65 Seiten über die Aussage Jesu „Selig, wer sich nicht an mir ärgert“[123] schreiben.

Von allen Positionen aus wird das Wort der Heiligen Schrift beleuchtet. Diese Fähigkeit müsste sich jeder, der Gottes Wort in irgend einer Weise weiter gibt, also eigentlich jeder Christ, soweit es geht zu eigen machen, und in jeder Weitergabe von Gottes Wort, zur Anwendung bringen.

Eine Predigt muss nicht unbedingt gut sein, wenn sie dogmatisch richtig ist, sondern sie soll ein seelsorgerliches Gespräch sein, und hat sich somit an den Einzelnen zu richten.

Kierkegaard sagt über sich selbst:

---

120 das ist Furcht und Zittern

121 in Kleine Schriften 1848/9; S. 29-74

122 in Einübung im Christentum; S. 4ff

123 dass.; S. 64ff

> Dies mein Verhältnis zu Gott ist die glückliche Liebe meines mannigfach unglücklichen und beschwerten Lebens[124].

Seinem Leser solch ein Verhältnis nahe zu bringen ist das Ziel seiner schriftstellerischen Arbeit gewesen. Kierkegaard nennt selbst das Ziel seiner Predigt:

> Mein Zuhörer, diese Rede ist nicht weit umhergewandert in der Welt, um Streit zu suchen, sie hat niemand besiegen, ja nicht einmal jemand abwehren wollen, als wäre da ein Kampf von außen her, sie ist bei dir geblieben, hat nicht die Absicht gehabt dir etwas zu erklären, sondern geheimnisvoll hat sie mit dir reden wollen, über dein Verhältnis zu jener geheimnisvollen Wahrheit. O, daß nichts dir dieses Verhältnis stören möge, nicht Leben, nicht Tod, nicht Gegenwärtiges, nicht Zukünftiges, noch keine andere Kreatur – auch nicht diese Rede, welche, mag sie auch gleich zu nichts gefrommt haben, sich doch bemüht hat, dich – was ja das Erste und das Letzte ist – nach dem Wort der Schrift den Glauben haben lassen bei dir selbst vor Gott (Römer 14,22)[125].

Wir fassen die Ergebnisse dieses Kapitels in drei Thesen zusammen.
- drei Thesen

1. Christen haben es in erster Linie nicht nötig den Glauben, die vom lebendigen Gott geoffenbarte Wahrheit, zu verteidigen. Sie sind Sieger und wissen, dass die Wahrheit gesiegt hat und siegen wird, auch wenn das Wort vom Kreuz den Mächtigen dieser Welt ein Ärgernis und den Weisen dieser Welt eine Torheit ist.

2. Das Zentrum des Christlichen Glaubens ist das Göttliche Paradox.

124 Der Gesichtspunkt...; S. 45/6
125 Erbauliche Reden 1843/44; S. 91f

Auch viele andere Fragen beantwortet das Wort Gottes mit einem Paradox. Man darf nicht auf das ein oder andere Extrem verfallen und sollte auch auf eine menschliche Synthese verzichten. Das Vorbild ist das Chalcedonense.

3. Die Homiletik hat zur Aufgabe, den Einzelnen in Beziehung zu bringen mit dem Göttlichen Paradox, mit Jesus Christus, indem sie ihn mit IHM gleichzeitig werden lässt und ihn seelsorgerlich berät, wie dies Verhältnis im Alltag gelebt werden kann. Die Beziehung ist, gleich der Liebesbeziehung zweier Menschen, in erster Linie subjektiv.

4.4. Folgen für den Einzelnen

Es kann in diesem Kapitel nicht darum gehen, die Folgen für den Einzelnen auch nur annähernd vollständig darzustellen, sondern der Leser möge sich anregen lassen, zur eigenständigen Lektüre Kierkegaards überzugehen, die gerade für die im folgenden skizzierten Punkte eins und drei unerlässlich ist.

- die Beziehung zu Gott

Zumindest in der westlichen Hälfte des Erdkreises ist Jesus von Nazareth kein Unbekannter. Er ist das große Vorbild des Ethischen, der Streiter für das Recht der Unterdrückten. Einigen wenigen Menschen ist Jesus vertraut als der persönliche Erlöser, der die Liebe Gottes offenbar gemacht hat und sinnerfülltes Leben schenkt.

Fast gänzlich verloren gegangen aber ist eine Gegenseite zu den oben genannten Beziehungen, eben die eigentliche Dialektik der Gottes-Beziehung.

Gemeint ist die im Alten Testament so oft erwähnte „Furcht Jahwehs", die sich nicht nur in Lukas 5,26 im Neuen Testament wiederfindet.

Diese Furcht ist nicht im herkömmlichen Sinne zu verstehen, so wie man sich etwa vor einer äußeren Gefahr fürchtet, sondern sie ist qualitativ auf einer anderen Stufe und dialektisch bestimmt durch *'tremendum'* und *'fascinans'*. Es beinhaltet das

> Gefühl des mysterium tremendum, des schauervollen Geheimnisses... Mysterium benennt ja begrifflich nichts weiter als das Verborgene, das heißt, das nicht Offenkundige, nicht Begriffene und Verstandende, nicht Alltägliche, nicht Vertraute, ohne dieses selber zu bezeichnen nach seinem Wie... Sein Positives wird erlebt rein in Gefühlen[126].

126 R. Otto; a.a.O.; S. 13f

Mit anderen Worten, *'tremendum'*, nun speziell auf das Christentum bezogen, bezeichnet das Gefühl der Furcht, der Ehrfurcht, das der Einzelne durchlebt, wenn er direkt dem Göttlichen Paradox begegnet. Damit ist aber noch nicht alles gesagt:

> Man kann das bisher vom tremendum Entwickelte zusammenfassen in das Ideogramm 'schlechthinnige Unnahbarkeit'. Man fühlt gleich, daß noch ein Moment hinzukommen muß, um es ganz zu erschöpfen: das Moment von 'Macht', 'Gewalt', 'Übergewalt', 'schlechthinniger Übergewalt'. Wir wollen hierfür den Namen 'majestas' wählen[127].

Bei der Begegnung mit dem Göttlichen Paradox wird der Einzelne aber nicht nur mit einer „Schauer“ oder „Scheu“ vor der 'Übergewalt' erfüllt, sondern auch mit 'fascinans':

> Andererseits aber ist er offenbar etwas eigentümlich Anziehendes, Bestrickendes, Faszinierendes, das nun mit dem abdrängenden Moment des tremendum in eine seltsame Kontrast-harmonie tritt[128].

Es liegt im Inhalt des Begriffes, dass dieser Zustand nicht erzeugt werden kann, - sondern er kommt über einen aus Erlebtem, wie bei den Menschen in Lukas 5,26.

Jedoch ist es entscheidend, wie sehr ich die Begegnung mit dem Göttlichen Paradox suche, bzw. ob ich überhaupt offen bin für ein derartiges Erlebnis.

Der Jünger, den Jesus lieb hatte, der drei Jahre mit Jesus durch Israel zog, der Ihn auf dem Berg der Verklärung gesehen hatte, und jahrzehntelang nach der Auferstehung Jesu für Ihn und in Ihm lebte, hatte auf Patmos gegen Ende seines Lebens ein solches Erlebnis, das ihn, der doch Jesus so gut wie sonst

---

127 ebd.; S. 23

128 R. Otto; a.a.O.; S. 43

niemand kannte, mit Jesus also aufs engste vertraut war, mit '*tremendum*' und '*fascinans*' erfüllte (s. Offenbarung 1,9-20).

- die Beziehung zum Nächsten

In den Werken Kierkegaards kommt diese Thematik selten direkt zur Sprache, - um so mehr können wir von dem persönlichen Umgang Kierkegaards mit seinem Nächsten lernen. Trotz seiner ihn ständig bedrückenden Schwermut hatte Kierkegaard ein Herz für einen jeden, der ihm begegnete, und dazu ein offenes Ohr für ihre Probleme und stets ein tröstendes Wort bereit.

Er hatte die Gabe, und wohl auch den Willen dazu, einem jeden auf seine Weise zu begegnen, dem Großvater ein Großvater zu werden, dem Kind ein Kind und dem Dienstboten ein Dienstbote[129]. Kierkegaard schreibt dazu:

> Denn als ich im entscheidenden Augenblick vor Erscheinen der 'Abschließenden Nachschrift' meine Existenzverhältnisse anders gestaltete, da bekam ich die Gelegenheit, die christliche Wahrheit zu erleben, die man doch nie recht glaubt, so lange man sie nicht erlebt hat: daß der Liebevolle gehaßt wird. Wahrlich, ich war jederzeit nichts weniger als vornehm: selbst von geringer Herkunft, liebte ich den gemeinen Mann oder was man die niedere Klasse nennt; ich weiß, das habe ich getan, denn darin fand ich schwermütig meine Freude, - und doch hat man gerade diese Leute auf mich gehetzt und ihnen beigebracht, ich sei vornehm![130]

Kierkegaards „Furcht und Zittern“ und seine Liebe zu Gott, sowie seine

---

129 s. Hohlenberg; a.a.O.; S. 182ff

130 Der Gesichtspunkt...; S. 65 Diese 'Hetze' geschah durch die Kopenhagener satirische Zeitschrift 'Der Kosar', der nach gewissen Querelen ständig Karikaturen und abfällige Bemerkungen über Kierkegaards Äußeres veröffentlichte, so dass Kierkegaard nicht mehr unbelästigt auf der Straße erscheinen konnte; vgl. Hohlenberg; a.a.O.; S. 202ff

Demut, veranlassten ihn dazu jeden einzelnen Menschen zu lieben und ihm zu jeder Zeit mit seiner Hilfe und seinen Gaben zu dienen.

- die Beziehung zur Welt

Wie Kierkegaard das Verhältnis des Einzelnen zur Welt sieht, wurde bereits eingehend geschildert[131] und bedarf nicht hier wiederholt zu werden. Nur so viel noch, Kierkegaard sah in seinem Leben die Führung Gottes[132]. Ihm war dabei bewußt, dass eine echte Nachfolge Jesus das Leben hier auf der Erde eher komplizierter macht. So manche schwere oder eigenartige Begebenheit seines Lebens kann damit begründet werden. Jedenfalls hat sich Kierkegaard selbst bemüht, das zu tun, was ein jeder Christ tun sollte, nämlich seine von Gott empfangenen Gaben weise einzusetzen.

Wir schließen dieses Kapitel mit drei weiteren Thesen.

- drei Thesen

1. Der Einzelne sollte sich beständig mit dem Göttlichen Paradox, mit Jesus Christus, beschäftigen und sich von dem '*tremendum*' und '*fascinans*' ergreifen lassen und mit Furcht und Zittern seine Seligkeit schaffen (s. Philipper 2,12).

2. Der Einzelne sollte sich von der Liebe und von der 'Übergewalt' Gottes dahin führen lassen, unbedingt jedem Menschen mit Ernst und Liebe zu begegnen, es sei der Nächste Kind oder Greis, Knecht oder Amtmann.

3. Der Einzelne sollte eine frohe, hoffnungsvolle und positive Einstellung der Welt gegenüber haben, ohne das Absolute aus dem Auge zu verlieren und mit ständiger Bereitschaft ausgerüstet sein, gegebenenfalls das Außerordentliche zu tun, d.h. Gott mehr zu gehorchen als der Allgemeinheit!

---

131 s. Kapitel 3.4.

132 s. Gesichtspunkt; S. 52

5. Nachwort

Vor 205 Jahren wurde Sören Kierkegaard geboren; - ein begnadeter Schriftsteller, ein ernster und doch auch sehr fröhlicher Christ, ein echter Nachfolger Jesu, einer der bedeutendsten christlichen Schriftsteller der letzten zwei Jahrhunderte; in gewisser Weise ein Prophet. Er wusste, dass er berühmt werden würde. Dies hat er jedoch nicht angestrebt, denn dann hätte ja „das Missverständnis gesiegt". Kierkegaard hat wie kein anderer für den Einzelnen geschrieben. Er wollte sich durch seine Bücher mit seinem Leser unterhalten, als sein Freund. Er wollte mit ihm über sein Leben nachdenken, ihn auf die Ewigkeit hinweisen, ihn mit dem Göttlichen Paradox bekannt machen, und auf die Konsequenzen aus dieser Beziehung hinweisen.

Der Verfasser ließ sich auf diese Freundschaft mit Kierkegaard als Student ein, und hat es nicht bereut. Auf vielfältige Weise und immer wieder hat der Verfasser Anregungen, Korrekturen und Ziele für sein Leben und für seine Arbeit als Theologe durch Kierkegaards Schriften erhalten.

Möge der Leser sich auch zu dieser Freundschaft mit Kierkegaard einladen lassen.

Wien, im Juli 2018

Literaturverzeichnis

Werke Kierkegaards in chronologischer Folge

Furcht und Zittern	Ges. Werke, 4. Abteilung	Gütersloh 1980
Erbauliche Reden 1843/44	Ges. Werke 7.-9. Abt.	Gütersloh o.J.
Philosophische Brocken	Ges. Werke 10. Abt.	Gütersloh 1980
Abschließende unwissenschaftliche Nachschrift zu denjenigen		
Philosophischen Brocken	Ges. Werke 16. Abt.	Gütersloh 1982
Kleine Schriften	Ges. Werke 21.-23. Abt.	Gütersloh 1984
Die Krankheit zum Tode	Ges. Werke 24.-25. Abt.	Gütersloh 1982
Einübung ins Christentum	Ges. Werke Band 9, 2. Aufl.	Jena 1924
Der Gesichtspunkt für meine Wirksamkeit		
als Schriftsteller	Ges. Werke Band 10	Jena 1922
Kierkegaard Briefe	it 727	Frankfurt 1983

Sekundär-Literatur

Barth, K.	Die Protestantische Literatur	
	im 19. Jahrhundert, 4. Aufl.	Zürich 1981
Bauer, W.	Wörterbuch zum Neuen Testament	Berlin 1971
Bonhoeffer, D.	Christologie	München 1981
Bühne, W.	Christenspiegel	Wuppertal 1979
Fischer, H.	Die Christologie des Paradoxes	Göttingen 1970
Garff, J.	Kierkegaard	München 2005
Heussi, K.	Kompendium der Kirchengeschichte	Tübingen 1981
Hohlenberg, J.	Sören Kierkegaard	Basel 1949

Lehmann; E.	Sören Kierkegaard	Berlin 1913
Lessing; G.E.	Gesammelte Werke	Berlin 1956ff
Otto, R.	Das Heilige; 21./22. Aufl.	München 1932
Schmidt; K.D.	Grundriß der Kirchengeschichte	Göttingen 1979
Störig, H.J.	Kleine Weltgeschichte der Philosophie	Stuttgart 1961
Schüepp, G.	Das Paradox des Glaubens	München 1964

Printed by Books on Demand GmbH, Norderstedt / Germany